Niko Rollmann
Eberhard Elfert

Die Stadt unter der Stadt

Das unterirdische Berlin

Mit Farbfotos von Verena Flora Pilz

Jaron Verlag

Originalausgabe
1. Auflage 2006

Umschlaggestaltung: Atelier Kattner, Berlin,
unter Verwendung eines Fotos von Eberhard Elfert
Satz und Aufbau: Prill Partners producing, Berlin
Reproarbeiten: LVD GmbH, Berlin
Druck und Bindung: Druckhaus Köthen GmbH, Köthen
ISBN-10: 3-89773-547-4
ISBN-13: 978-3-89773-547-7

Inhalt

Vorwort

Die Stadt unter der Stadt: geheimnisvolle Tunnel, versteckte Bauwerke, unbekannte Gewölbe, Regenwasserüberlaufbecken, Düker. Immer wieder hört man von dieser verborgenen, unbekannten Welt unter unseren Füßen. Die Medien berichten gelegentlich über diese fremde Seite der Stadt, Kamerateams betreten »das Labyrinth im Untergrund«. Nähere Angaben fehlen jedoch meistens. Hier und da werden auch Führungen angeboten. Aber trotzdem bleibt die Frage: Was gibt es alles da unten? Und vor allem: Was kann man sich da anschauen?

Mit diesem Buch wird zum ersten Mal ein detaillierter »Untergrund-Stadtführer« vorgelegt, der es den Lesern ermöglicht, das unterirdische Berlin zu erkunden. Er informiert über entsprechende Orte und Führungen und erklärt zugleich die historischen Hintergründe dieser Anlagen. Außerdem werden Museen, Ausstellungen und Institutionen vorgestellt, die sich mit verschiedenen Aspekten dieses Themas beschäftigen. Auch »altbewährte« Berliner werden hier auf viele Dinge stoßen, die sie noch nicht kennen. Die Leser können den Untergrund der Stadt jetzt auf eigene Faust erkunden. Alle wesentlichen zugänglichen Stationen für diese Entdeckungsreise sind hier enthalten. Jedes Kapitel enthält einen Infoteil mit Tipps und Adressen. Die entsprechenden Orte sind im Text hervorgehoben.

Spuren der Vergangenheit in einem alten Tunnel

Unterirdische Architektur hat ihren eigenen, faszinierenden und oftmals auch morbiden Reiz. Sie ist mit bestimmten, kulturell geprägten Assoziationen verbunden, hat eine eigene psychologische Dimension und eine charakteristische Ästhetik. Sie weckt unsere Abenteuerlust und den Wunsch, Unbekanntes zu erkunden. Gleichzeitig spricht sie auch das Bedürfnis an, »abzutauchen« und sich dem Geschehen an der Oberfläche zu entziehen. In zahllosen Spielfilmen und Romanen spielt der Untergrund auf verschiedensten Ebenen eine bedeutende Rolle. Er ist wahrhaftig eine Welt für sich. Dennoch sollte die Beschäftigung mit dieser Welt kein Selbstzweck und keine Domäne geheimnistuerischer »Katakomben-Freaks« sein. Es sollte hier auch nicht um die Bauwerke an sich gehen, sondern um die Ereignisse, die dort stattfanden, um die Menschen, die dort arbeiteten, lebten und oft auch litten.

Die Vergangenheit hat gerade unter der Erde sehr authentische Spuren hinterlassen – Spuren, die an der Oberfläche aus politischen, ökonomischen oder ästhetischen Gründen schon längst verschwunden sind. Gerade im Osten der Stadt, in dem sich vor der Wende die Zeit langsamer bewegte, stößt man oft noch auf entsprechende Relikte. Die unterirdische Architektur der Stadt Berlin kann somit als ein historisches Unterbewusstsein verstanden werden, das uns Erkenntnisse über die Vergangenheit vermittelt. Deswegen eignet der Untergrund sich auch gut für eine kritische Auseinandersetzung mit der deutschen Geschichte. Gerade die ungewöhnliche Atmosphäre dieser Orte steigert die Aufnahmefähigkeit der Besucher. In der politischen Erwachsenenbildung werden unterirdische Bauwerke im Rahmen des Konzeptes »Lernen am authentischen historischen Ort« schon seit Jahren zur Vermittlung entsprechender Inhalte verwendet.

In diesem Zusammenhang ist es aber auch nötig, Fehler zu korrigieren und die Bildung von Mythen zu verhindern. Die einseitige Berichterstattung der Medien hat den Eindruck entstehen lassen, es gäbe im Untergrund nur Bunker und »blinde Tunnel«. Darüber hinaus wird oft suggeriert, dass »da unten« noch viele Geheimnisse (oder gar böse Überraschungen) aus dem Dritten Reich schlummern würden. So ranken sich zum Beispiel diverse Legenden um den damals erbauten Flughafen Tempelhof. Die Wirklichkeit ist aber oft erschreckend banal, und große Sensationen wird es im Berliner Untergrund kaum noch zu entdecken geben. Stattdessen ist es wichtig, auf jene Orte zu verweisen, die von der Öffentlichkeit bisher kaum registriert wurden. So sind zum Beispiel die Keller, in denen die Nazis Menschen folterten, weitgehend unbekannt. Auch über die »GPU-Keller«, in denen die Sowjets nach dem Krieg politische Gegner unter inhumanen Bedingungen einsperrten, ist bis jetzt nur sporadisch berichtet worden. Sind diese Orte nicht mindestens genauso wichtig wie die Bunker?

Unser Streifzug durch den Berliner Untergrund beginnt mit aus der Neuzeit

Technik im »AEG-Tunnel«

Wandmalerei der Künstlerin Waleska Nomura in einem Brauereigewölbe

Reste einer Liege in einem ehemaligen Luftschutzraum

stammenden Gewölben. Keller, Gänge und Katakomben aus dem Mittelalter oder gar der Antike hat die Stadt kaum aufzuweisen. Dafür war der Boden Berlins zu sandig und zu nass, und man musste an der Oberfläche bleiben. Seit Mitte des 19. Jahrhunderts haben dann aber alle Epochen der Geschichte ihre Spuren im Untergrund Berlins hinterlassen. Der erste Aufbruch fand ab 1840 statt, als im heutigen Prenzlauer Berg Gewölbe für die Produktion und Lagerung untergärigen Bieres in die Hügel gegraben wurden. Dann folgte die Entwicklung der modernen urbanen Infrastruktur: der Wasserversorgung, der Kanalisation und der Rohrpost. Eine U-Bahn bekam Berlin erst ab 1902. Sie wurde dann jedoch relativ schnell ausgebaut. Der Machtergreifung Hitlers folgten die schrecklichen Ereignisse in den Kellern der »wilden KZs«. Die unterirdische Infrastruktur hingegen wurde unter den Nazis kaum erweitert, wenn man von dem bereits lange vorher geplanten Nord-Süd-Tunnel der S-Bahn absieht. Die eigentliche Hinterlassenschaft dieses Regimes sind die Luftschutzbunker unter der Stadt. Nach dem Krieg setzte man in beiden Teilen Berlins den Ausbau fort: von Autotunneln über die U-Bahn bis zu Unterführungen und Leitungen. Zudem wurden auch wieder Bunker – »Zivilschutzanlagen« oder schlicht »Atombunker« genannt – gebaut. Im Westen Berlins hätte vielleicht ein Prozent der Bevölkerung in solchen Bauten Schutz gefunden, im Osten wären es noch viel weniger Menschen gewesen. Seit der Wiedervereinigung entstand das neue Berlin dann auch zum Teil unter der Erde, zwischen dem ehemaligen Lehrter Bahnhof und dem Gleisdreieck wurden mehrere Projekte der Superlative realisiert. Hier endet, zumindest für den Moment, die Geschichte des Berliner Untergrundes.

Wie man sieht, wurde unter der Stadt sehr viel mehr gebaut als nur Tunnel oder Bunker. Im Untergrund findet man sowohl die (verschüttete) Geschichte als auch die Gegenwart Berlins. Wir wünschen Ihnen viel Vergnügen beim Erkunden der Stadt unter der Stadt – von alten Grüften und Gewölben über Fledermauskeller und Tunnel bis zu den Großbauten der Gegenwart. Zum Abschluss noch ein kleiner Tipp: Wer sich mal eine ganze Woche lang mit dem Berliner Untergrund befassen möchte, kann eines der Seminare des Bildungsträgers »Arbeit und Leben Berlin« (www.arbeitundleben.de/berlin) besuchen, der solche Veranstaltungen in Zusammenarbeit mit dem Verein »unter-berlin« (www.unter-berlin.de) anbietet.

Grüfte, Gewölbe und Festungen

Wenn Berlin auch keine unterirdische Architektur der Antike oder des Mittelalters vorzuweisen hat, so entstanden doch seit der Neuzeit im Untergrund dieser Stadt eine Reihe bedeutender Bauwerke, die sich durch historische und architektonische Besonderheiten auszeichnen und einen Besuch wert sind.

Grüfte

Wahrscheinlich ist die Ruhestätte der Hohenzollern die bekannteste Berliner Gruft. Sie befindet sich im Berliner Dom, einem der Wahrzeichen der Stadt, das an seinem heutigen Ort von 1894 bis 1905 als zentrales Bauwerk des Historismus errichtet wurde. Der von Julius Raschdorff unter Mitwirkung vieler berühmter Künstler im Stil der italienischen Hochrenaissance erbaute »preußische Vatikan« sollte die enge Verflechtung zwischen Staat und Kirche symbolisieren. Der Berliner Dom war deshalb auch die Hof- und Grabkirche der Hohenzollern. Hierhin wurden die Sarkophage gebracht, die zuerst in der Dominikanerkirche und dann im zweiten, 1750 eingeweihten Dom gelegen hatten. In der neuen Gruft gab es allerdings nur 1915 eine Beisetzung, als eine Enkeltochter des Kaisers verstarb. 1918 war die Herrschaft der Hohenzollern in Deutschland bereits beendet. Im Mai 1944 durchschlug die nach einem Bombentreffer herabstürzende Kuppellaterne die Kellerdecke und beschädigte die Gruft. Einige Särge wurden dabei fast zerstört. Glücklicherweise blieben die berühmten »Prunksärge« erhalten. Im weiteren Verlauf des Krieges wurde der Dom noch mehrere Male getroffen. Seit 1975 hat man die schwer beschädigte Kirche in vereinfachter Form wieder aufgebaut.

Neben der Wiener Kapuzinergruft ist die *Hohenzollerngruft* das bedeutendste Bauwerk dieser Art in Europa. Nach der Ausbesserung der Kriegsschäden wurde sie 1999 der Öffentlichkeit zugänglich gemacht. Problematisch ist noch der Zustand einiger Sarkophage, die durch Hochwasser, Krieg und natürliche Verfallserscheinungen in Mitleidenschaft gezogen wurden. Die notwendigen Restaurierungsarbeiten sind mit hohen Kosten verbunden und werden noch lange andauern. In der Gruft befinden sich 94 Sarkophage und Grabmäler der brandenburgischen Kurfürsten und preußischen Könige, darunter der Große Kurfürst Friedrich Wilhelm, seine Gemahlin Dorothea, König Friedrich I. und seine Gemahlin Sophie Charlotte sowie Kaiser Friedrich III. Weitere sechs Grabmonumente und Prunksärge stehen in der Predigtkirche des Domes. Diese Särge enthalten allerdings keine Skelette mehr – die Knochen sind mit Rücksicht auf die Ruhe der Toten in der Gruft in neuen Särgen beigesetzt worden.

Insgesamt umfassen die Särge fünf Jahrhunderte brandenburgischer und preußischer Geschichte. Unter den Sarkophagen befinden sich bedeutende Werke von Andreas Schlüter, der berühmten Vischer-Familie und anderen Künstlern. Die Sammlung ist allerdings nicht vollständig: Ein Teil der Hohenzollern ruht in Potsdam und Charlottenburg, was damit zu tun hat, dass im zweiten Berliner Dom eindringendes Wasser den Sarkophagen sehr zusetzte. Deshalb wollten nicht alle Hohenzollern dort begraben werden. Wilhelm II., der letzte deutsche Kaiser, wurde in Holland

Hohenzollerngruft im Berliner Dom

bestattet. 1918 war er nach der militärischen Niederlage Deutschlands ins Exil gegangen.

Drei weitere Herrscher lassen noch auf sich warten: Beim Transport der verstorbenen Hohenzollern in den zweiten Berliner Dom im Jahre 1749 hat man die Särge der Kurfürsten Johann Cicero, Joachim I. und Joachim II. offenbar vergessen. Spätere archäologische Grabungen am entsprechenden Standort, dem heutigen Schlossplatz, konnten sie nicht mehr ausfindig machen. Ob die Herren eines Tages wiederauftauchen werden?

Die zweite bedeutende Gruft findet sich in der *Parochialkirche.* Das 1695 bis 1703 im alten Zentrum Berlins errichtete Gotteshaus stellt den ersten wichtigen Barock-Sakralbau der Stadt dar. Er wurde von Johann Arnold Nering geplant und nach dessen Tod 1695 von Martin Grünberg gebaut. Ab 1713 fügte Philipp Gerlach nach einem Entwurf Jean de Bodts den markanten Turm hinzu, in dem das Glockenspiel aus Andreas Schlüters eingestürztem Münzturm aufgehängt wurde (der ursprüngliche Turm der Parochialkirche wiederum war bereits 1698 eingestürzt). Im Mai 1944 brannte die Kirche ab, der Turm ging erneut verloren. Äußerlich wurde das Gebäude seitdem bis auf den Turm rekonstruiert. Das Innere hingegen ist nicht wiederhergerichtet worden. Besucher finden sich dort in einem leeren Bauwerk mit nackten, unverputzten Wänden wieder.

Die Parochialkirche wurde für die Einrichtung einer Gruft vollständig unterkellert. In 30 Kammern wurden vom Anfang des 18. bis zur Mitte des 19. Jahrhunderts insgesamt etwa 580 hochrangige Berliner beigesetzt. Vereinfacht formuliert: Wer es nicht in die Hohenzollerngruft schaffte, kam in die Gewölbe der Parochialkirche. Eine Besonderheit war eine in das Bauwerk integrierte »Sargsenkanlage«, deren Reste heutzutage noch erkennbar sind. Da die Gesamtzahl der Bestattungen auf keinen Fall in den vorhandenen Räumlichkeiten Platz gefunden hätte, ist davon auszugehen, dass ein großer Teil der Särge später wieder entfernt und möglicherweise auf dem angrenzenden Friedhof vergraben wurde. Die heutzutage noch in der Gruft stehenden Särge sind von einzigartigem kulturhistorischem Wert. In ihrer Gesamtheit stellen sie ein lückenloses, über 150 Jahre abdeckendes Panorama der örtlichen Bestattungskultur dar. Eine weitere Besonderheit ist die Tatsache, dass aufgrund der spezifischen Luftzirkulation in der Gruft die im Winter bestatteten Leichen in den Särgen teilweise mumifiziert wurden. Dies ist ein Effekt, der von den Erbauern sicherlich nicht beabsichtigt war. Das Phänomen ist auch insofern überraschend, als die Leichen in doppelten Särgen ruhten, die eigentlich luftdicht abgeschlossen waren. Schließlich sollten in der Gruft keine Verwesungsgerüche auftreten.

Die während des Zweiten Weltkriegs möglicherweise als Luftschutzraum verwendete Gruft überstand den Brand der Kirche im Jahr 1944 unbeschädigt – nicht aber das, was in der Nachkriegszeit folgte. 25 Jahre lang drangen immer wieder Menschen in die ungesicherte Gruft ein und richteten dort schwere Schäden an. Die Särge wurden geöffnet, geplündert und teilweise zerstört. Leichen wurden aus den Särgen entfernt, in mehreren Fällen hat man ihnen sogar die Köpfe abgerissen. Es lässt sich nur spekulieren, wer für diese Handlungen verantwortlich war. Eine Mischung aus Habgier und Vandalismus hat den Inhalt der Gruft schwer in Mitleidenschaft gezogen. Bedauerlicherweise unternahm die Obrigkeit keine Anstrengungen, um der Zerstörung der Gruft Einhalt zu gebieten. Die Gründe für diese Nachlässigkeit sind nicht bekannt. Angesichts der Tatsache, dass zu jener Zeit große Teile Ost-Berlins noch Kriegsschäden aufwiesen, setzte man vielleicht andere Prioritäten und konzentrierte sich auf die Sicherung und Wiederherstellung von wichtiger erscheinenden Objekten. Vielleicht spielten auch politische Gründe eine Rolle. Der Ruhestätte der preußischen bürgerlichen Elite wurde wohl eher geringe Bedeutung zugemessen.

Im Jahre 1970 wurde schließlich eine erste Maßnahme zur Sicherung der Gruft ergriffen: Ein großer Teil der Särge wurde in die Nordkonche, einen Abschnitt der Gruft, verbracht und diese dann vermauert. Die dadurch ausbleibende Luftzirkulation führte aber zu einem Anstieg der Luftfeuchtigkeit, die den Särgen und Leichnamen schadete. 1993 wurde der zugemauerte Bereich wieder geöffnet und das gesamte Ausmaß der Schäden offenbar: Etwa ein Drittel der rund 100 Särge war noch verschlossen, die anderen waren aufgebrochen beziehungsweise beschädigt. Problematisch war auch der Zustand der Böden der äußeren Särge, die in vielen Fällen bereits durchgefault waren. Eine weitere Bedrohung stellte der Pilzbefall vieler Särge dar.

Zuerst wurde der Bestand erfasst und dokumentiert. Dann folgte eine intensive Diskussion darüber, wie mit der Gruft verfahren werden sollte. Eine Rekonstruktion der ursprünglichen Verhältnisse war aufgrund der Zerstörungen und der Verlagerung der Särge 1970 nicht mehr möglich. Nur ein sehr geringer Teil der Särge trug überhaupt Inschriften, die eine Identifizierung ermöglichten. Wenn aber keine Rekonstruktion – was dann? Sollte man alles so liegen lassen? Irgendeine Form von Ordnung in dieses Chaos bringen? Welche Maßstäbe, welche Kriterien konnte man hier überhaupt anwenden? Und wer war überhaupt für diese Anlage zuständig? Eine konkrete Frage war zum Beispiel: Sollten die Leichen von Schimmelpilzen befreit werden? Einerseits könnte man als Denkmalpfleger oder Archäologe diese Frage mit einem klaren Ja beantworten. Andererseits ist ein Friedhof – etwas anderes ist die Gruft ja nicht – doch ein Ort, an dem die Toten normalerweise zerfallen (sollten).

Ein Team von Wissenschaftlern mehrerer Fachrichtungen nahm sich dieser schwierigen Fragen an. Als Grundsatz kristallisierte sich der Begriff der »Wiederherstellung der Würde der Bestattungsanlage« heraus, flankiert von einer konservatorischen Tendenz. Die Totenruhe sollte respektiert und gleichzeitig der Verfall aufgehalten werden. Restaurierungen waren behutsam vorzunehmen. Christian Hammer, der die Gruft heute noch betreut, betont, dass man hier vorsichtig »von Fall zu Fall« vorging und sich jeweils überlegte, wie mit den Särgen und den Leichnamen zu verfahren war, was man rekonstruieren, was man belassen und was man neu gestalten sollte.

Im Jahre 2001 erfolgte die Öffnung der Fenster, die bereits zu einer neuen Luftzirkulation in der Gruft geführt hatte. Nach mehr als drei Jahren wurden die Arbeiten im Sommer 2005 vorläufig abgeschlossen. Das Ergebnis wird in Fachkreisen weitgehend anerkannt. Wer heutzutage durch die Gruft geht, kann sich davon überzeugen, dass die Toten wieder ihre Ruhe gefunden haben. Glücklicherweise wurde auch davon abgesehen, die mumifizierten Körper, die mehrfach zu sensationsträchtigen Reportagen in den Medien führten, zur Schau zu stellen.

Manchmal geraten Grüfte auch in Vergessenheit. So gab es vor wenigen Jahren eine Überraschung, als Archäologen bei Grabungen in der Marienkirche auf eine alte, unbekannte Gruft stießen. Die um 1270 gegründete Kirche an der Karl-Liebknecht-Straße im Bezirk Mitte ist vor allem durch den berühmten Totentanz-Fries aus dem 15. Jahrhundert bekannt. Die Gruft lag unter dem südlichen Anbau des Gebäudes, der im späten 19. Jahrhundert errichtet wurde. Vorher stand dort die »Magistratsloge«, zu der auch die Gruft gehörte. Als die Loge dann abgerissen wurde, zerstörte und verfüllte man diese. Bei den 2003 eingeleiteten archäologischen Untersuchungen wurden auf dem einstigen Boden der Gruft mehrere hundert menschliche Knochen gefunden, die von etwa 30 bis 50 Personen stammten. Nach ihrer Beilegung in der Gruft – offenbar zwischen 1794 und 1805 – war das flache Gewölbe einfach zugemauert worden. Die Knochen wurden nach der Untersuchung wieder beigesetzt und die Reste der Gruft verschlossen. Ob sich im Berliner Untergrund noch mehr Geheimnisse dieser Art verbergen?

Gewölbe

Eine ungewöhnliche unterirdische Architektur findet sich in der Berliner *Hedwigskathedrale*. Die Kirche am Bebelplatz, die mit ihrer charakteristischen, aber schlichten Silhouette auffällt, wurde ab 1747 offenbar nach Plänen von Friedrich II. und von Knobelsdorff gebaut. Das dem römischen Pantheon nachempfundene Bauwerk war die erste katholische Kirche Berlins seit der Reformation. Aus verschiedenen Gründen zog sich ihr Bau sehr lange hin, erst 150 Jahre nach der Grundsteinlegung wurden die letzten Details vollendet. Seit 1929 ist sie die zentrale Kirche des katholischen Bistums Berlin. Nach einem Bombenangriff im März 1943 brannte sie aus. Das barocke Antlitz des Gebäudes wurde von 1952 bis 1963 in veränderter Form rekonstruiert. Das Innere wiederum wurde von dem Düsseldorfer Architekten Hans Schwippert modern eingerichtet. Die Krypta wurde dabei nach einer großflächigen Öffnung des Fußbodens durch eine Treppe mit dem Hauptraum verbunden und so in eine Unterkirche verwandelt. Auf diese Art und Weise ist eine sehr eigene, wirkungsvolle Architektur entstanden.

Der Besucher, der die Kirche betreten hat, steigt die große Treppe in der Mitte des Raumes hinunter, einer aus der Unterkirche hervortretenden, lebensgroßen Petrusfigur entgegen, während sich über ihm die Kuppel der Kirche in ihrer ganzen Weite erstreckt. Um den Altarbereich der

Blick in die Krypta der Hedwigskathedrale

Unterkirche gruppieren sich kreisförmig acht kleine Kapellen. Sie haben unterschiedliche Funktionen und Ausstattungen – teilweise wurden die Gegenstände eigens für die jeweilige Kapelle entworfen, teilweise handelt es sich um ältere Objekte. Gemeinsam ist den Kapellen die Intimität, die durch ihre kompakte Bauweise und das gedämpfte Licht entsteht. Das schlichte Weiß und die spartanische Einrichtung der Gewölbe betonen die dort ausgestellten Artefakte. Zu den beeindruckendsten Werken gehört die Kopie einer Pietà von Michelangelo in der Marienkapelle. Die Sankt-Otto-Kapelle enthält zwei farbige Bischofsfiguren, während in der Sankt-Hedwigs-Kapelle die Heilige mit einer Kirche in der Hand zu sehen ist. In der Sakristeikapelle sind die Schätze der Kirche in Vitrinen ausgestellt: Messgewänder, Taufgarnitur, Kelche, Medaillen, Brustkreuze und andere Gegenstände. Eine Begräbnis- und Gedächtniskapelle ist vier Bischöfen gewidmet, die in Berlin ihr Amt verrichteten. Am bekanntesten ist aber die Kapelle, in der sich das Grab Bernhard Lichtenbergs befindet. Seit 1938 war Lichtenberg der Dompropst von Sankt Hedwig. Mutig sprach er sich gegen das NS-Regime aus und betete öffentlich für die verfolgten Juden. Im kirchlichen Hilfswerk, das vor allem katholische »Nichtarier« unterstützte, spielte er eine bedeutende Rolle. Im Oktober 1941 wurde er verhaftet und im

Pietà in der Marienkapelle der Hedwigskathedrale

Gedenkschrift im Keller der Herz-Jesu-Kirche

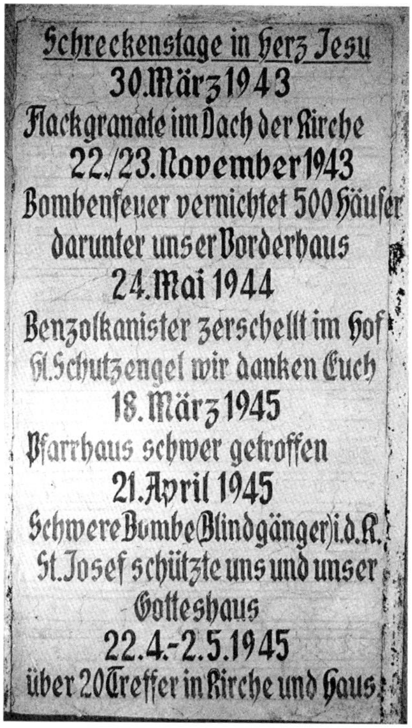

folgenden Prozess zu einer zweijährigen Haftstrafe verurteilt. Nach seiner Freilassung wurde Lichtenberg erneut festgenommen und starb am 5.11.1943 auf dem Weg ins KZ Dachau. Zu seiner Beisetzung auf dem Friedhof Sankt Hedwig kam eine große Menschenmenge. Im Jahre 1996 wurde Lichtenberg von Papst Johannes Paul II. als Märtyrer seliggesprochen. In der Krypta von Sankt Hedwig hat er eine würdige Ruhestätte gefunden.

Eine besonders dramatische Geschichte verbirgt sich in den Kellergewölben der katholischen *Herz-Jesu-Kirche* in Prenzlauer Berg. Die Tochtergemeinde von Sankt Hedwig errichtete ihren Bau am Ende des 19. Jahrhunderts. Da das Terrain an der Schönhauser Allee sehr uneben war, musste die gesamte Kirche unterkellert werden, um die vorhandenen Unterschiede auszugleichen und dem Gebäude die richtige Höhe zu verleihen. Die kreuzgratgewölbte Krypta wurde dann während des Zweiten Weltkrieges auf Anordnung der Nazis zu einem Luftschutzbunker für etwa 540 Menschen umgebaut. Am 21. April 1945 schlug eine schwere Bombe in der Nähe des Altars ein – und explodierte nicht. Zu jenem Zeitpunkt drängten sich etwa 1000 Personen in dem überfüllten Bunker. Die Stelle, an der die Bombe die Decke durchbrach, ist heutzutage noch sichtbar.

Die Insassen der Luftschutzräume waren allerdings nicht die einzigen Menschen, die unter der Kirche Schutz suchten. Im Keller gab es damals noch Räume, die man nicht für den Luftschutz eingerichtet hatte. Dort versteckten die katholischen Geistlichen mehrere Juden vor dem Zugriff der Nazis. Zwei der verborgenen Personen, Erich Wolff und Karl Müller, sind namentlich bekannt. Erich Wolff wurde zuerst von Pater Heinrich Kreutz und dann von seinem Nachfolger, dem jungen Kaplan Horst Rothkegel, in einem Heizungsraum versteckt. Man weiß nicht genau, seit wann er sich dort aufhielt. Auf der anderen Seite des Kellers, unter der Sakristei, versteckten der Küster Robert Kaminski und Pfarrer Alfred Brinkmann seit Oktober 1944 Karl Müller. Dem Juden und Kommunisten Müller waren seit 1933 schreckliche Dinge widerfahren. In der »Reichskristallnacht« 1938 wurde er so sehr verprügelt, dass er einen Schädelbruch

Horst Rothkegel versteckte einen Menschen im Keller der Herz-Jesu-Kirche

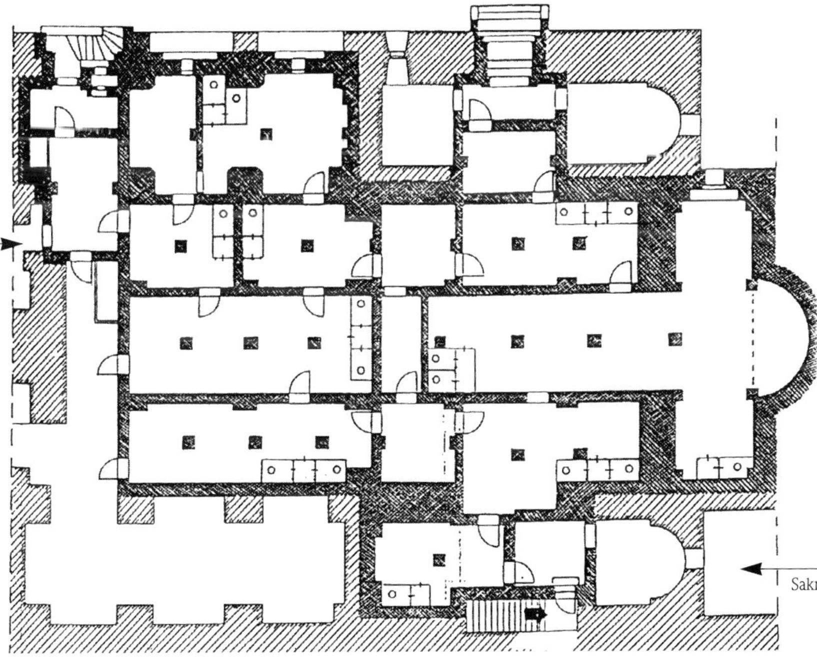

Grundriss der Krypta der Herz-Jesu-Kirche, 1941 zum Luftschutzraum umgebaut (Umbauten dunkel hervorgehoben)

erlitt. Der Aufenthalt im Keller ermöglichte ihm zumindest ein Überleben, wenn auch unter ungewöhnlichen Umständen: So konnte er zum Beispiel während der Luftangriffe hören, wie die Bunkerinsassen Lieder sangen – er befand sich direkt auf der anderen Seite der Mauer.

So merkwürdig es klingen mag: Horst Rothkegel wusste nicht, dass außer seinem Schützling Erich Wolff auch noch Karl Müller in dem Keller versteckt wurde. Und möglicherweise wussten Küster Kaminski und Pfarrer Brinkmann wiederum nicht von Erich Wolff. Unglaublich? Unmöglich? Der immer noch sehr rüstige Horst Rothkegel erklärt dazu, dass Hilfe für untergetauchte Juden zu jener Zeit mit großen Gefahren verbunden war. Deswegen erzählte man anderen nicht von solchen Aktivitäten, allein das bloße Wissen hätte für sie ein großes Risiko bedeutet. Man tat etwas, und man ahnte, dass die anderen in der Kirche vielleicht auch etwas taten. Aber man redete eben nicht darüber. Deswegen ist auch nicht geklärt, ob noch weitere Personen in dem Keller oder in anderen Räumen der Kirche versteckt wurden. Es gibt einige Hinweise darauf, aber keine konkreten Informationen. Nach dem Kriege wurden diesbezüglich auch keine Recherchen durchgeführt und die Ereignisse in dem Keller nicht öffentlich diskutiert. Denn in der ideologischen Logik der DDR konnten nur Kommunisten echte Widerstandskämpfer gewesen sein. Katholische Geistliche, die Juden vor den Nazis versteckt hatten, passten nicht in dieses Bild. Erst nach der Wende wurde in den Medien über dieses Thema berichtet. Vor allem Horst Rothkegel und Berit Gehrig, die Tochter von Karl Müller, konnten dann etwas Licht in das Dunkel der Geschichte bringen. Darüber hinaus sind die damaligen Ereignisse in der Kirche eng mit der 1965 verstorbenen Dr. Margarete Sommer verbunden, die im Rahmen ihrer Tätigkeit für das katholische Hilfswerk aufopferungsvoll verfolgten Juden half.

Aufgang des Sakristeikellers der Herz-Jesu-Kirche

Historische Gewölbe findet man nicht nur in Kirchen, sondern auch unter Denkmälern. Das Monument auf dem Kreuzberg ist in diesem Zusammenhang recht bekannt: Es wurde von Karl Friedrich Schinkel entworfen und 1821 als *Nationaldenkmal* aufgestellt. Mit einer Höhe von 20 Metern sollte es an den Sieg über die Franzosen in den Freiheitskriegen 1813–15 erinnern. Dem Eisernen Kreuz auf der Spitze des gusseisernen Denkmals verdankt der Kreuzberg übrigens auch seinen Namen – vorher sprach man nämlich vom »Tempelhofer Berg«. Im Jahre 1878 wurde das Denkmal dann auf einen acht Meter hohen Unterbau mit Gewölben gehoben. Diese Maßnahme hing damit zusammen, dass die in der Umgebung wachsenden Bäume und die sich um den Hügel ausbreitenden Wohngebäude das Denkmal in den Schatten zu stellen drohten. Bei Führungen durch die Gewölbe kann man die Skulpturen und Reliefs sehen, die in der als Lapidarium verwendeten Räumlichkeit stehen. Im Winter ruhen dort Fledermäuse.

Am Schlossplatz befindet sich schließlich noch eine Kuriosität der Berliner Geschichte: Ursprünglich gab es direkt vor dem Stadtschloss eine Häuserzeile, die den Namen »Schlossfreiheit« trug. Hier lebte ein selbstbewusstes Großbürgertum, das den Hohenzollern ein Dorn im Auge war. Zudem wurden die Gebäude als Schandfleck vor dem Stadtschloss angesehen. Deswegen wurde die Häuserzeile in den 1890er Jahren abgerissen. An ihrer Stelle entstand ein von Reinhold Begas entworfenes Denkmal für den 1888 verstorbenen Kaiser Wilhelm I. Da sich das Terrain unmittelbar an der Spree befand, wurde das Denkmal auf eine solide Gewölbekonstruktion gesetzt, die Wilhelm I. die nötige Standfestigkeit und Höhe verleihen sollte. Die Gewölbe wiesen eine Größe von immerhin 1200 Quadratmetern auf. Das aufwändige, 1897 eingeweihte Denkmal wurde dann ab 1949 wieder abgerissen. Genau wie das Stadtschloss sah die Führung der DDR es als Relikt des Preußentums an, dessen historisches Erbe man schnell überwinden wollte. Möglicherweise übten auch die im Denkmal verarbeiteten Metalle in einer Zeit chronischer Rohstoffknappheit einen gewissen Reiz auf die neuen Stadtherren aus. Also verschwand das Denkmal – nicht aber die Gewölbe! Sie liegen dort, wo der Sockel des Denkmals noch heute erkennbar ist. Ein Teil der Gewölbe beherbergt im Winter Fledermäuse. Sie haben dort mitten in der Stadt ein seltenes Refugium gefunden. Zu besonderen Anlässen werden Führungen durch Teile der Gewölbe angeboten.

Festungen

Die *Spandauer Zitadelle* ist als nordeuropäischer Festungsbau der Renaissance in dieser Art einmalig. Schon im achten Jahrhundert hat es an ihrer Stelle eine slawische Siedlung gegeben, die dann im elften oder zwölften Jahrhundert durch eine Festung gesichert wurde. Später ließ der Askanier Albrecht der Bär hier eine Wasserburg aus Stein errichten, die mit dem heutigen Juliusturm in Verbindung gebracht wird. Ab 1560 erfolgte schließlich unter dem Kurfürsten Joachim der Ausbau zur Zitadelle. Dabei wurden die aus dem zwölften Jahrhundert stammenden Bauten wie der Juliusturm und der Palas mit in die neue Anlage integriert. Die von Wasser umgebene, quadratisch angelegte Festung mit ihren vier vorspringenden Eckbastionen ist ein Meisterwerk militärischer Baukunst. Bei den angebotenen Führungen kann man auch jene Areale besichtigen, die für solche Festungen charakteristisch sind: die Kasematten – Schutzräume für Soldaten –, Pulvermagazine sowie Gänge und Verteidigungsgalerien. Die Zitadelle erlebte freilich nur eine richtige Belagerung, in deren Folge 1813 preußische Soldaten die 1806 von den Franzosen kampflos besetzte Festung einnahmen. Dabei zerstörte eine große Explosion das Pulvermagazin der Bastion »Königin«. Nach dem deutsch-französischen Krieg 1870/71 wurde im Juliusturm ein bedeutender Teil der Reparationen aufbewahrt, die Frankreich an Deutschland zahlen musste. In den 1930er Jahren erfolgten letzte größere Umbauten, als die Nazis in der Zitadelle ein Giftgas-Labor einrichteten. Während des Krieges wurden Teile der Anlage als Luftschutzräume verwendet. 1945 wurde die Festung den Sowjets ohne Kampf übergeben. Heutzutage beherbergt die Zitadelle mehrere Museen und Ausstellungsräume.

Über den Untergrund der Zitadelle werden viele Geschichten erzählt, manche

Zitadelle Spandau

davon sind wahr, manche unwahr. Dazu muss man vielleicht erklären, dass bei dieser Festung gar nicht so sicher ist, wo der Untergrund überhaupt anfängt und wo er aufhört. Denn aufgrund des nassen, sumpfigen Bodens musste man vor Ort sehr viel Erde aufschütten. Ein großer Teil der Zitadelle ruht auf Holzpfählen, und in die Tiefe konnte man bei diesen Bodenverhältnissen ohnehin nicht bauen. Insofern wäre hier vielleicht eher der Begriff »übererdet« statt »unterirdisch« angebracht. Auf jeden Fall verbergen sich im »Untergrund« der Zitadelle mitunter sehr düstere Geschichten.

Es wird immer wieder behauptet, dass die Nazis in den »Kellern« der Zitadelle immense Mengen Giftgas hergestellt und gelagert hätten. Tatsächlich wurde auf dem Plateau der Bastion »Brandenburg« 1935 ein »Heeresgasschutzlaboratorium« zur Entwicklung, Produktion und Erprobung chemischer Kampfstoffe – darunter auch Nervengas – eingerichtet. Dafür baute man teilweise neue Häuser, teilweise wurde die vorhandene Architektur entsprechend modifiziert. Die Giftgase wurden in dem etwa 300 Mitarbeiter umfassenden Labor an Menschen und Tieren erprobt. Mit Kellern hat das aber nichts zu tun. Als man Ende der 70er Jahre bei Restaurierungsarbeiten einen Brunnen ausgrub, wurden dabei auch Bestandteile der alten Giftstoffe gefunden. Zehn Jahre später musste das Gelände dann systematisch nach Chemikalien abgesucht und entseucht werden. Diverse Sorten Giftgas wurden dabei im Boden gefunden.

Bei Ausgrabungen am Palas und am Westbau der Zitadelle fanden Archäologen über mehrere Jahrzehnte hinweg jüdische Grabsteine aus dem Mittelalter, die man einst als Baumaterial verwendet hatte. Der älteste dieser 75 Steine stammt aus dem Jahre 1244. Nachforschungen ergaben, dass die Steine vom mittelalterlichen Friedhof der jüdischen Gemeinde Spandaus kamen. Auf dem so genannten »Juden-Kiewer« setzten damals auch die in Berlin lebenden Juden ihre Verstorbenen bei. 1510 wurden wegen einer angeblichen Hostienschändung 40 brandenburgische Juden hingerichtet, und ihre Gemeinde wurde aus der Mark vertrieben. Der Friedhof in Spandau wurde danach zerstört und als Steinbruch verwendet. Manche Historiker gehen davon aus, dass ein Teil der Grabsteine auch von einer ersten Schändung des Friedhofes im Jahre 1446 stammen könnte – damals hatte es bereits erste Ausschreitungen gegen die Juden gegeben.

Foyer B in der Spandauer Zitadelle

Entwässerungskanal am Fort Hahneberg

Heutzutage werden mehr als 60 dieser Grabsteine, die teilweise überraschend groß sind, zusammen mit einer Dokumentation in den Gängen der Bastion »Königin« ausgestellt. Neben ihrem kulturhistorischen Wert stellen sie zugleich ein bedrückendes Zeugnis der Judenverfolgung in Deutschland dar.

Im Foyer B in der Nähe des Juliusturmes zeigt eine überdachte Open-Air-Ausstellung archäologische Ausgrabungen. Die sichtbaren Funde in dieser großzügig, zugleich aber dezent gestalteten Anlage umfassen ein halbes Jahrtausend: von Resten einer spätslawischen Befestigung aus dem 11. Jahrhundert bis zu Relikten des 16. Jahrhunderts. Die Ausstellung wird durch Schautafeln und Vitrinen mit einer Vielzahl von Funden ergänzt, die einen aufschlussreichen Eindruck vom Leben zu jener Zeit vermitteln.

Eine weitere Besonderheit der Zitadelle ist, dass in den Kasematten der Festung jedes Jahr von September bis April etwa 10 000 Fledermäuse überwintern. Damit ist das Bauwerk eines der größten europäischen Refugien für diese Tiere. Im Keller von Haus 4 hat der Verein »Berliner Artenschutz Team« zudem eine interessante Fledermaus-Ausstellung eingerichtet. Dazu gehört auch ein Erlebnisraum, in dem die Tiere ganzjährig beobachtet werden können – eine faszinierende (und etwas unheimliche) Erfahrung. Der Verein bietet darüber hinaus Führungen durch die Ausstellung und die Quartiere der Fledermäuse in der Zitadelle an.

In der ersten Hälfte der 1980er Jahre wurde die U-Bahnlinie 7 Richtung Rathaus Spandau verlängert. Dabei wurde sie auch an der Zitadelle vorbeigeführt. Zur selben Zeit erfuhr der dortige Juliusturm offenbar eine Neigung und musste durch besondere Maßnahmen wieder stabilisiert werden. Es entstand der böse Verdacht, dass die im Rahmen des Tunnelbaus durchgeführten Erdbewegungen für diese unerwartete Schräge verantwortlich – oder zumindest

Markierungen der DDR-Grenzer am Fort Hahneberg

mitverantwortlich – sein könnten. Die Betreiber der U-Bahn wiesen diesen Vorwurf aber zurück. Fairerweise muss man dazu sagen, dass eine unmittelbare Kausalität nicht bewiesen werden konnte und dass der nasse Untergrund der Zitadelle sich durch eine gewisse Tendenz zur Instabilität auszeichnet. Außerdem argumentieren manche Historiker, dass die Neigung des Turmes wohl eher ein Ergebnis der erwähnten Explosion im Jahre 1813 sein könnte. Der Untergrund gibt sein Geheimnis nicht preis …

Zum Abschluss noch eine kleine Anmerkung: Es taucht immer wieder das Gerücht auf, dass die Zitadelle durch geheime unterirdische Tunnel mit der Spandauer Nikolaikirche und dem Fort Hahneberg verbunden sei. Für diese Behauptung gibt es jedoch keinen einzigen Beweis. Ein Blick auf den Stadtplan verrät, dass vor allem der Tunnel zum Fort Hahneberg mit einem riesigen Aufwand verbunden gewesen sein müsste, den man wohl kaum hätte verheimlichen können.

Damit sind wir beim Stichwort *Fort Hahneberg* angelangt: Diese wenig bekannte Festung, die von außen kaum zu erkennen ist, wurde von 1882 bis 1888 im heutigen Spandauer Ortsteil West-Staaken errichtet. Ihr Bau ist eng mit der Gründung des deutschen Kaiserreiches verbunden, das 1871 als Ergebnis des Krieges gegen Frankreich entstanden war. Als Hauptstadt des neuen Nationalstaats hatte Berlin nun eine besondere Bedeutung gewonnen und sollte dementsprechend gesichert werden – und zwar in Richtung Westen. Die deutsch-französische »Erbfeindschaft« warf hier bereits ihren verhängnisvollen Schatten voraus. Zugleich hing der Bau des Forts auch mit der Entwicklung der Artillerie im 19. Jahrhundert zusammen. Die bereits im Mittelalter in Europa eingesetzten Kanonen hatten zunächst nur einen begrenzten militärischen Wert. Sie waren sehr schwerfällig und eigneten sich eigentlich nur für Belagerungen. In offenen Feldschlachten konnten sie den Gegner bestenfalls durch Donner und Rauch beeindrucken.

Am Anfang des 19. Jahrhunderts hatte sich die Artillerie aber so weit entwickelt, dass sie in einzelnen Fällen bereits Schlachten entscheiden oder maßgeblich beeinflussen konnte. Seit 1850 verwandelten neue Materialien, Bauweisen und Sprengstoffe die Artillerie in eine tödliche Waffe, deren Geschosse die meisten existierenden Festungen zerstören konnten. Wer angesichts dieser neuen Bedrohung Städte und Fabriken verteidigen wollte, musste somit also verhindern, dass die Geschütze auf Schussweite an das zu verteidigende Gebiet herankamen. Vorgelagerte Festungsgürtel, die selbst mit schwerer Artillerie bestückt waren, sollten die Geschütze des Gegners auf Distanz halten. Für Berlin und die Spandauer Rüstungsindustrie war eine entsprechende, vier Forts umfassende Verteidigungslinie geplant. Aber die Artillerie war den Festungen erneut um einige Schritte voraus. Zum Zeitpunkt seiner Fertigstellung war Fort Hahneberg bereits militärisch veraltet – auch seine »moderne« Armierung konnte von neuen Geschützen durchschlagen werden. Deswegen verzichtete man auf den Bau der anderen drei vorgesehenen Forts.

Die südlich der Heerstraße in den Hahneberg eingegrabene Festung hat eine Ost-West-Ausdehnung von 170 Metern und eine Nord-Süd-Ausdehnung von 450 Metern. In dem Bauwerk befinden sich hinter dicken Wänden Schutzräume für Soldaten, Magazine für Munition, Pulver, Waffen und sonstige Vorräte sowie Werkstätten und Verbindungsgänge. Angesichts der zunehmenden Schlagkraft der Artillerie im 19. Jahrhundert war es von großer Wichtigkeit, tief im Inneren der Festung »sichere« Bereiche zu haben. Während des Zweiten Weltkrieges wurde das Fort für die Ausbildung von Soldaten, als Lazarett und als Luftschutzraum verwendet. Glücklicherweise wurde um die Anlage aber nie gekämpft: 1945 besetzten die Sowjets sie ohne Widerstand. Später verwendete man das Fort als Steinbruch. Seit 1961 lag es dann im Sperrgebiet der Berliner Mauer und geriet erst nach der Wende wieder ins Bewusstsein der Öffentlichkeit. Interessant sind einige Einkerbungen in den Mauern der Festung. Die Bezeichnung »EK« (für »Entlassungskandidat«) stammt von ehemaligen DDR-Grenzern, die damit auf höchst inoffizielle Weise festhielten, wie lange sie noch Dienst zu tun hatten. Heute werden Führungen durch die beeindruckende Festung angeboten.

Falls Sie für die Besichtigung der Zitadelle und des Hahneberger Forts bereits den Weg nach Spandau auf sich genommen haben, können Sie die Gelegenheit nutzen, diese Exkursion untergrundmäßig mit einem Besuch der großen *Nikolaikirche* am Reformationsplatz abzurunden. Wenn Sie sich dort aufmerksam umsehen, können Sie einen interessanten »Einblick« erhaschen: Schauen Sie sich doch den Altar mal etwas näher an! Darüber hinaus befindet sich bei der Kirche auch ein *archäologischer Keller*. Er enthält das Fundament eines großen mittelalterlichen Gebäudes und die Reste eines Friedhofes mit freigelegten Begräbnissen. Durch die verglaste Fassade des darüberliegenden Gebäudes neben der Volkshochschule können Sie diesen Keller betrachten (wofür allerdings gute Augen und einige Verrenkungen erforderlich sind). Nur einen Katzensprung davon entfernt gibt es in der Carl-Schurz-Straße 49 einen *historischen Keller* aus dem 15. Jahrhundert. Beide Räumlichkeiten können nach Vereinbarung oder im Rahmen der Stadtführungen der örtlichen Heimatkundlichen Vereinigung besichtigt werden.

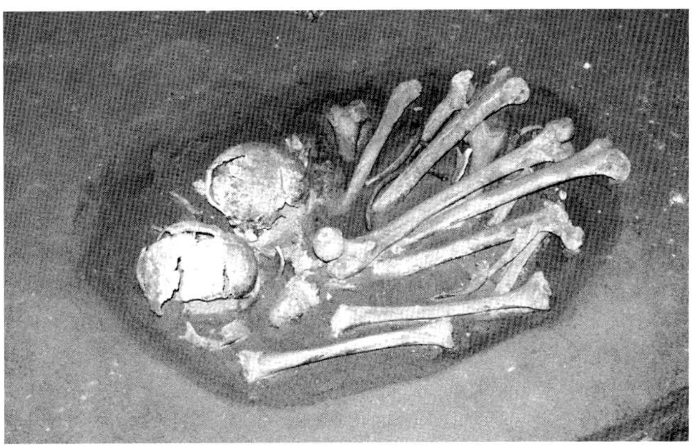

Mittelalterliches Begräbnis in einem Spandauer Keller

Archäologischer und historischer Keller Spandau
Besichtigung nach Vereinbarung. Falls Sie die Keller mit einem Rundgang durch die historische Altstadt Spandaus verbinden möchten: Die Termine der regelmäßigen Führungen der Heimatkundlichen Vereinigung können im Internet eingesehen werden. Am Anfang der Führungen bzw. bei der Anmeldung von Sonderführungen sollte man explizit auf die Keller verweisen.
Tel. 354 94 42 97 / 334 62 70
(Sonderführungen)
www.geschichte-spandau.de

Fort Hahneberg
Aus Sicherheitsgründen kann die Festung nur im Rahmen der Führungen besichtigt werden, die dort während der Saison angeboten werden. Sonderführungen können vereinbart werden.
Tel. 366 46 05
www.forthahneberg.de

Gewölbe unter dem Nationaldenkmal auf dem Kreuzberg
Die Gewölbe können von April bis Oktober besichtigt werden. In größeren Abständen gibt es öffentliche Rundgänge, darüber hinaus sind auch Sonderführungen möglich.
Tel. 902 98 26 24 / 902 98 26 83

Gruft der Parochialkirche
Die Gruft wird der Öffentlichkeit am »Tag des offenen Denkmals« zugänglich gemacht.
Klosterstraße 66–67, 10179 Berlin

Hohenzollerngruft im Berliner Dom
Die Hohenzollerngruft kann ohne vorherige Anmeldung besucht werden. Außerdem werden Führungen durch die Gruft in größeren Abständen sowie zusätzlich nach Vereinbarung angeboten. Während der Gottesdienste, Andachten und anderer Veranstaltungen sind keine Besichtigungen möglich. Deswegen vor dem Besuch vorsichtshalber anrufen.
Am Lustgarten, 10178 Berlin
Okt–März: Mo–Sa 9.00–19.00 Uhr,
So, feiertags 12.00–19.00 Uhr;
Apr–Sept: Mo–Sa: 9.00–20.00 Uhr;
So, feiertags 12.00–20.00 Uhr.
Tel. 20 26 91 19
www.berliner-dom.de

Krypta von St. Hedwig
Bei kirchenmusikalischen Veranstaltungen ist die Kirche nicht zugänglich. Vorher telefonisch klären.
Bebelplatz, 10117 Berlin
Mo–Sa 10.00–17.00 Uhr, So 13.00–17.00 Uhr.
Tel. 203 48 10 (Dompfarramt)/
30 87 79 80 (Kirchenmusik)
www.hedwigs-kathedrale.de

St. Nikolaikirche (Spandau)
Reformationsplatz, 13597 Berlin
Mo–Do 12.00–16.00 Uhr, Sa 11.00–15.00 Uhr,
So 14.00–16.00 Uhr.
Während der Gottesdienste und besonderer musikalischer Veranstaltungen ist der Altarbereich nicht zugänglich.
Tel. 333 56 39 (Gemeindebüro)
www.nikolai-spandau.de

Zitadelle Spandau
Die unterirdischen Areale der Zitadelle können nur im Rahmen der während der Saison angebotenen Führungen besichtigt werden. Darüber hinaus können Sonderführungen ganzjährig gebucht werden. Generell lohnt sich ein Besuch der Zitadelle wegen der Architektur, der Museen und der Ausstellungen immer.
Zitadelle, Am Juliusturm, 13599 Berlin
Di–Fr 9.00–17.00 Uhr, So, feiertags 10.00–17.00 Uhr (Museen und Ausstellungen)
Tel. 35 49 440 (Kasse) / 334 62 70 (Führungen)
www.zitadelle-spandau.de
Fledermauskeller in Haus 4:
Mi, Sa, So 12.00–16.00 Uhr, Fr 16.00–18.00 Uhr geöffnet.
Tel. 36 75 00 61 (Führungen)
www.bat-ev.de

Kathedralen des Bieres

Der erste große Aufbruch in den Berliner Untergrund hing mit einer Biersorte zusammen, die ab 1820 hier den Markt eroberte: dem bayerischen Untergärigen. Dieses Gebräu hatte seinen Namen daher, dass die Hefe sich bei der Produktion unten im Bottich sammelte. Beim obergärigen Bier, das bis dahin in Berlin getrunken worden war, schwamm sie wiederum auf der Flüssigkeit. Und während das Obergärige eher beruhigend wirkte und den Konsumenten in eine angenehme Trägheit versetzte, regte das bayerische Bier den Organismus an und belebte den Kopf. Somit passte es auch besser in das neue industrielle Zeitalter – man konnte schnell mal zwischendurch oder nach der Arbeit »einen zwitschern« gehen, ohne gleich berauscht zu sein. Darüber hinaus hatte dieses Bier sogar eine gewisse politische Dimension: Es wurde vorwiegend von Menschen getrunken, die sich als fortschrittlich betrachteten und später zu den revolutionären Kräften des Jahres 1848 gehören sollten. Das obergärige Bier hingegen hatte ein gemütliches, konservatives, im Grunde schon »reaktionäres« Image. Sein Genuss erforderte Geduld, Ruhe und eine gewisse Behäbigkeit, die im Inhalt der den Konsum begleitenden Gespräche ihren Niederschlag fand. Nicht zu Unrecht nannte man diese Zecher »Weißbierphilister«.

Ein Hindernis stand dem untergärigen Genuss damals noch im Wege: Das neue Bier musste aus Bayern importiert werden und war dementsprechend teuer. Außerdem vertrug es keine Wärme und konnte relativ schnell »umkippen«. Deswegen fingen einzelne Berliner Braumeister bald an, ihr eigenes Untergäriges zu produzieren. Weil diese Biersorte nicht nur kühl gela-

Reste einer Bunkertür in einem ehemaligen Brauereikeller

Kelleranlagen der Königstadt-Brauerei

gert, sondern auch bei niedrigen Temperaturen produziert werden musste, legte man für diese Zwecke unterirdische Gewölbekeller an. Bei der Produktion entscheidet nämlich vor allem die Temperatur, ob obergäriges oder untergäriges Bier entsteht. In den Kellern herrschte eine relativ konstante Temperatur von etwa neun Grad Celsius.

Auf den Hügeln nördlich und südlich Berlins siedelten sich seit 1840 immer mehr Brauereien an, die Untergäriges produzierten. Die Namen Schultheiss, Pfefferberg, Tivoli und Patzenhofer sind vielen Berlinern noch bekannt. Vor allem der heutige Bezirk Pankow wies eine hohe Konzentration an Brauereien auf. Denn auf den dortigen Höhen hatte man genügend Platz, der Boden war billig und das Wasser sauber. Außerdem gab es dort weniger Probleme mit dem Grundwasser. Man konnte unterirdische Gewölbe bauen, ohne sofort gegen größere Wassermassen ankämpfen zu müssen. Die wohlhabenden Brauereien legten übrigens noch eine isolierende Lehmschicht um die Gewölbe.

Die unterirdischen Bereiche der Brauereien waren oft mehrere tausend Quadratmeter groß. Hier kann man zu Recht von »Kathedralen des Bieres« sprechen! Die Gewölbe wurden normalerweise in parallel zueinander liegende »Batterien« eingeteilt, die von langen Gängen abzweigten. Um die Temperaturen in den Gewölben möglichst niedrig zu halten, wurden während des Winters Eisblöcke aus den umliegenden Seen gesägt und in die Lagerbereiche der Gewölbe gebracht. In den Abschnitten, in denen man das Bier braute, konnte die dabei entstehende Wärme durch Öffnungen in der Decke entweichen. Seit den 1880er Jahren verbreiteten sich langsam die ersten Kältemaschinen der Firma Linde, die zunächst aber noch sehr kostspielig waren. Die großen Brauereien, die sich diese Anlagen leisten konnten, hatten dadurch gegenüber den kleineren Unternehmen einen klaren Wettbewerbsvorteil. Denn falls der Winter etwas wärmer ausfiel, gab es auf den Seen nicht genügend oder gar kein Eis – was die Brauereien in Schwierigkeiten bringen konnte.

Die industrielle Revolution, die um 1830 nach Berlin gelangte, bedeutete gewaltige Umbrüche für die Stadt: Die Einwohnerzahl stieg sprunghaft an, und Berlin platzte aus allen Nähten. Zahllose Arbeitskräfte wurden für die neuen Fabriken benötigt. Berlin verwandelte sich in eine »Malocherstadt«, und ein Ring trostloser Mietskasernen legte sich um die inneren Bereiche. Die Bedingungen in den Fabriken waren oft katastrophal, Arbeitstage von 14 Stunden nicht ungewöhnlich. Häufig gab es zudem Unfälle, die für die betroffenen

Arbeiter und ihre Familien dramatische Auswirkungen haben konnten. Für das Proletariat war der Genuss alkoholischer Getränke nach der Arbeit oder am Wochenende eine der wenigen Möglichkeiten zur Freizeitgestaltung. Man muss sich dabei vor Augen halten, dass die Verhältnisse in den Wohnungen der Arbeiter äußerst beengt waren: In der Regel mussten sich mehrere Personen ein Zimmer teilen. Die unhygienischen Zustände und die mangelnden sanitären Einrichtungen machten die Unterkünfte zu Orten, die nicht gerade zum Verweilen einluden. Individuell eingerichtete Wohnungen mit gemütlichen Wohnzimmern kannte damals nur das Bürgertum. Somit waren die Kneipen und Biergärten von großer Bedeutung für die knappe Freizeit der Arbeiter. Zugleich erlangte das ursprünglich als Arbeitergetränk verschmähte Bier damals auch in bürgerlichen Kreisen eine gewisse Respektabilität. Langer Rede kurzer Sinn: Bier war »big business«. Und die Anzahl der Brauereien stieg kontinuierlich 60, 70 Jahre lang. Um 1900 gab es dann in Berlin etwa 100 Brauereien. Einen Eindruck von ihrer einstigen Größe bekommt man in der ehemaligen Brauerei Schultheiss I, die heutzutage als Kulturbrauerei bekannt ist. Die einen ganzen Straßenblock umfassende, von außen teilweise wie eine Festung anmutende Architektur zeugt von der einstigen Macht Berliner Braubetriebe. Als Schultheiss und Patzenhofer 1920 fusionierten, war der weltweit größte Konzern dieser Art entstanden.

Die Menschen, die in den Brauereien arbeiten mussten, hatten nicht viel von den großen Geschäften dieser Unternehmen. Natürlich waren ihre Arbeitsplätze relativ sicher. Aber vor allem in den Gewölben konnten die Arbeitsbedingungen sehr hart sein. Der Aufenthalt in den kalten, feuchten Räumen führte oft zu Erkrankungen der Atemwege und zu Erkältungen. Außerdem wird die Arbeit fernab des Tageslichtes die Gesundheit zusätzlich

Gewölbe im Keller der Königstadt-Brauerei

Gewölbe im »Pfefferberg«

beeinträchtigt haben. Es ist wissenschaftlich belegt, dass längerer Aufenthalt an künstlich beleuchteten Orten sich sowohl physisch als auch psychisch negativ auswirken kann.

Eine Waffe, die den Arbeitern angesichts dieser Umstände zur Verfügung stand, war der Bierboykott. Der bewusste Verzicht auf bestimmte Biersorten konnte für die Brauereien, deren Hauptkundschaft die Arbeiter ja waren, bedrohliche Dimensionen annehmen. Auslöser solcher Maßnahmen waren schlechte Arbeitsbedingungen, Repressalien gegen organisierte Arbeiter, Aussperrungen oder Lohnkonflikte. Darüber hinaus konnten auch einzelne Etablissements boykottiert werden, die Gewerkschaftlern den Zutritt verweigerten. Die Durchsetzung der Boykotte war allerdings oft nicht einfach: Schließlich gehörte das Bier ja zu den wenigen kleinen Freuden, die die Arbeiter überhaupt hatten. Da verzichtete man ungern auf seine Lieblingssorte. Der berühmteste Bierboykott fand 1894 in Berlin statt, als 300 Brauereiarbeiter, die am 1. Mai nicht zur Arbeit gekommen waren, ausgesperrt wurden. Man rief einen Boykott aus, der schließlich mit einem Kompromiss zwischen den Arbeitern und den Brauereien endete. Letzten Endes ging es bei diesen Aktionen nicht nur um konkrete Forderungen, sondern auch darum, dass die Arbeiterschaft sich hier konkret ihrer Macht bewusst wurde – falls sie denn einheitlich zu handeln vermochte.

Wenn die Geschichte der Berliner Brauereien einerseits mit dem »Elendsalkoholismus« des Proletariats und mit Arbeitskämpfen verbunden ist, so gab es gleichzeitig noch eine andere Seite: Einige der großen Brauereien, darunter zum Beispiel Patzenhofer, engagierten sich vorbildlich für das Wohl ihrer Arbeiter, finanzierten Rentenkassen und andere soziale Leistungen. Besonders wichtig war auch die Rolle der Biergärten im Zusammenhang mit der Entstehung der Arbeiterbewegung. Nachdem der demokratische Aufbruch des Jahres 1848 durch Militär und Polizei gewaltsam beendet worden war, konnten sich die linken Kräfte in Berlin kaum noch betätigen. Aber in den Biergärten der Brauereien, auf den Hügeln vor der Stadt, herrschten andere Verhältnisse: Hier konnte man sich organisieren, hier war der Druck der Obrigkeit nicht ganz so groß – wenn auch Spitzel und schikanöse Polizeiverordnungen die Arbeit oft erschwerten. Im berühmtesten Berliner Biergarten, dem »Prater«, fanden zum Beispiel Treffen des Allgemeinen Deutschen Arbeitervereins (ADAV) statt, der zu den Vorläufern der SPD gehörte. In der Brauerei Bötzow sollten sich später, wiederum in Prenzlauer Berg, die Anhänger des Spartakusbundes um Karl Liebknecht und Rosa Luxemburg versammeln. Im Januar 1919 trat hier der Revolutionsausschuss zusammen, in dem Liebknecht die gerade gegründete KPD repräsentierte. Während des folgenden Aufstandes der Kommunisten fanden um die Brauerei herum schwere Gefechte statt. Ein Gedenkstein, der zu DDR-Zeiten dort aufgestellt wurde, erinnert mit folgendem Text an diese Ereignisse: »Karl Liebknecht, Kämpfer gegen Militarismus und Krieg, führte von hier aus die Kämpfe der revolutionären Arbeiter und Soldaten am 7. und 8. Januar 1919.«

Nach einer langen Phase fast ungebremsten Wachstums gab es am Anfang des 20. Jahrhunderts erste größere Probleme für die Brauereien: Neue Steuergesetze bürdeten ihnen schwere Lasten auf. Durch diese Abgaben sollte die Aufrüstung des Kaiserreiches mitfinanziert werden, vor allem das ehrgeizige Flottenbauprogramm. Obwohl die mächtigen, gut organisierten Brauereien entschlossen gegen diese Bedrohung ankämpften, fruchtete ihre Agitation nicht. Die entsprechenden Gesetze wurden erfolgreich eingebracht, das Bier verteuerte sich, und der Konsum ging zurück. Zu groß waren die staatlichen Begehrlichkeiten gewesen, die der Reichtum der Brauereien geweckt hatte.

Ein anderes Problem war die Abstinenzbewegung, die sich seit der Industrialisierung gebildet hatte und um die Jahrhundertwende zu einer bedeutenden Lobby herangewachsen war. Neben dem harten

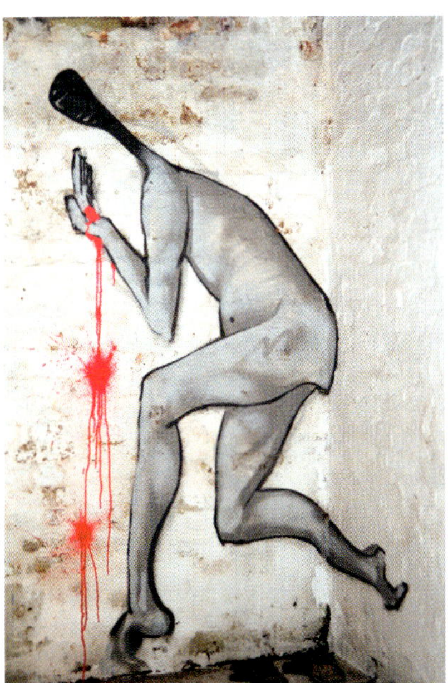

Wandmalereien in einem Brauereigewölbe

Einstieg und Abgang

Im Berliner Untergrund hat es immer wieder auch eine Unterwelt gegeben – und zwar *die* Unterwelt: Gauner und Ganoven! Schließlich waren Keller und alte Gewölbe ideale Orte, um den nächsten Fischzug vorzubereiten oder die Beute zu verstecken. Außerdem konnte man auch mal einen kleinen Tunnel graben.

Eine Legende sind die Gebrüder Sass, Franz und Erich, die immer wieder den großen Coup landen wollten. 1927 hatten sie versucht, einen Tresor in einem Keller der Deutschen Bank aufzuschweißen. Aber die Tür war stärker als ihr Schneidbrenner. Eine andere Tresorkeller-Aktion im selben Jahr schlug ebenfalls fehl. Es folgten weitere Pleiten ... Die zwei jungen Männer hatten immer Pech, waren nicht professionell genug. 1929 aber gelang ihnen der große Wurf: Mithilfe eines drei Meter langen Tunnels plünderten sie die »Disconto-Gesellschaft« am Wittenbergplatz aus. Die genaue Höhe ihrer Beute ist nicht bekannt, es muss aber eine immense Summe gewesen sein.

So richtig genießen konnten Franz und Erich ihren Reichtum nie. Sie wurden ständig von der Polizei beobachtet, die recht genau wusste, wer die Bank erleichtert hatte. Nur beweisen konnte man es ihnen eben nicht. Schließlich wurde es den Brüdern zu brenzlig, und sie gingen nach Dänemark. Dort betrieben sie weiter ihr Handwerk, wurden 1934 aber verhaftet. Nach Verbüßung ihrer Strafe wurden sie 1938 nach Deutschland abgeschoben und dort sofort in Gewahrsam genommen. Inzwischen hatte man nämlich belastendes Beweismaterial gefunden. 1940 wurden sie zu hohen Gefängnisstrafen verurteilt, misshandelt – und »bei Widerstand« erschossen. Nach ihrem traurigen Ende bleibt die Frage, wo sie wohl ihre Beute versteckt haben. Es ist bekannt, dass die Brüder in Berlin mehrere Versuche unternommen hatten, unterirdische Depots anzulegen. Verbirgt sich im Untergrund der Stadt vielleicht noch ein großes Geheimnis?

1995 klappte der Tunnel-Trick erneut, wenn auch auf etwas andere Art: Eine Gruppe maskierter Männer drang in eine Zehlendorfer Bank ein, nahm Geiseln und brach im Keller über 200 Schließfächer auf. Zusätzlich wurden mehrere Millionen Mark Lösegeld für die Geiseln erpresst. Als die Polizei die Bank schließlich stürmte, entdeckte sie, dass die Täter längst durch einen Tunnel entkommen waren. An diesem Bauwerk hatten die Gangster etwa 15 Monate lang gearbeitet. Bald wurden sie dennoch verhaftet – ein großer Teil der Beute blieb bis heute verschwunden.

Den Ehrenplatz in der Berliner Unterwelt-Untergrund-Galerie hat sicher »Dagobert« inne, der mehrere Jahre lang mit Bombendrohungen Kaufhäuser erpresste. Bei den Geldübergaben versuchte die Polizei immer wieder, ihn zu verhaften. Aber Arno Funke, so sein bürgerlicher Name, war den Beamten stets einige Schritte voraus. Dabei benutzte er mehrere Male die Kanalisation, um sich abzusetzen. 1994 wurde aber auch er verhaftet.

Tunnelgangster in anderen Ländern hatten mehr Glück – wie zum Beispiel Albert Spaggiari, der 1976 in Nizza mit seiner Bande 60 Millionen Francs erbeutete, eine für damalige Zeiten phänomenale Summe! Monsieur Spaggiari wurde zwar bald von der Polizei gefasst, nutzte die Zeit im Gefängnis aber konstruktiv, um seinen Erlebnisbericht »Die Kloaken zum Paradies« zu schreiben. Dann brach er aus, hatte mit seinem Geld noch viel Spaß und verstarb im Jahre 1989.

Kern der organisierten Abstinenzler gab es eine Reihe weiterer gesellschaftlicher Gruppen, die immer lauter ihre Stimme gegen den Alkohol erhoben. Dazu muss vielleicht erwähnt werden, dass die industrielle Revolution die alten, noch aus dem Mittelalter stammenden Trinksitten der Menschen maßgeblich verändert hatte: Einst war der Alkoholgenuss hauptsächlich ein kollektives Ereignis gewesen, das regelmäßig zu bestimmten Anlässen stattfand. Dann betrank sich die gesamte Dorfgemeinschaft und gab sich einem kollektiven Rausch hin, der sie für kurze Zeit von den Härten ihres Daseins erlöste. Die Entstehung des Industrieproletariats führte aber zu einem neuen, alltäglichen Alkoholismus, der mit hohen sozialen Folgekosten verbunden war: Die Arbeiter vertranken ihre Löhne, gerieten in Konflikt mit der Obrigkeit, prügelten sich oder tyrannisierten ihre Familien. Außerdem machten sich viele Ärzte Sorgen über die gesundheitlichen Folgen – man befürchtete eine »Degeneration« des Volkes. Davor wiederum hatte auch die Industrie Angst, die halbwegs gesunde Arbeitskräfte brauchte. Zudem konnte Alkoholgenuss am Arbeitsplatz zu Unfällen führen. Das Militär erhob ebenfalls seine Stimme, man brauchte ja taugliche Rekruten für die Armee. Und die Funktionäre der Arbeiterbewegung glaubten, dass die Genossen sich ihre Rechte nur mit klarem Kopf erstreiten konnten.

Wie man sieht, hatte der Alkohol mächtige Feinde bekommen. Wenn sich die Agitation zunächst vorrangig auf den Branntwein konzentrierte, so sollte bald auch das Bier ins Visier der Abstinenzler geraten. Sicher, die Alkoholgegner konnten den Konsum nicht verbieten. Ihre Agitation wurde von den Arbeitern oft ignoriert oder verspottet. Aber die sich langsam etablierende Ächtung des öffentlichen Trinkens sollte in ihrer Wirkung nicht unterschätzt werden.

Diese Probleme waren aber noch harmlos im Vergleich zu dem 1914 ausbrechenden Weltkrieg, der für die Berliner Brauereien eine immense Belastung darstellte: Die jungen Männer, die wichtigsten Konsumenten und Arbeitskräfte, gingen an die Front. Daheim wurden zugleich die Rohstoffe immer knapper. Teilweise mussten Dünnbier und Ersatzgetränke hergestellt werden. Dem Krieg folgten die wirren, unsicheren Verhältnisse der 20er Jahre – die Inflation, die kurzen »Goldenen Zwanziger« und schließlich die 1929 einsetzende Weltwirtschaftskrise. Viele Brauereien überlebten diese Zeit nicht und stellten die Produktion ein. In ihren Gewölben siedelten sich verschiedene Betriebe an. Dafür wurden die Räume oft baulich verändert, zum Beispiel Zwischenwände eingezogen.

Auch die wirtschaftliche Scheinblüte, die der Machtergreifung der Nazis folgte, half den Brauereien kaum. Von Anfang an bereitete das neue Regime den Krieg vor und richtete die Wirtschaft dementsprechend einseitig aus. Die jungen Männer sollten »hart wie Kruppstahl« sein, was sich nicht unbedingt durch den Konsum alkoholischer Getränke erzielen ließ. In der NS-Propaganda wurde der Kneipenbesuch als eine Form von Verrat an der »Volksgemeinschaft« dargestellt. In den 30er Jahren kam es in mehreren Berliner Brauereien auch zur »Arisierung«, der Enteignung der jüdischen Besitzer durch die Nazis.

Während des Zweiten Weltkrieges wurden viele Brauereikeller als Luftschutzräume genutzt. Bereits im August 1940 gab es erste britische Luftangriffe auf Berlin. Der Bombenterror, der von deutschem Boden ausgegangen war, kehrte nun in seine Heimat zurück. Die deutsche Abwehr erwies sich als unfähig, diese Angriffe aufzuhalten. In Berlin gab es am Anfang des Krieges nur für etwa drei Prozent der Bevölkerung Luftschutzbunker. Aus diesem Grunde wurden in der Stadt hastig alle möglichen unterirdischen Räume »verbunkert«: Hauskeller, Wasserspeicher, stillgelegte Tunnel, Weinkeller, die Krypten

Als Luftschutzraum genutztes Brauereigewölbe

von Kirchen, einzelne U-Bahnstationen – und natürlich die großen Brauereigewölbe. Dort verbargen sich mitunter Tausende von Menschen. In der Regel verstärkte man dafür die Decken, setzte zusätzliche Stützpfeiler ein und versuchte, die Räume durch Abmauerungen und Stahltüren in kleinere Kammern zu unterteilen. Damit sollte verhindert werden, dass Menschen durch Druckwellen verletzt wurden. Meistens wurden auch Gasschleusen eingebaut, die chemische Kampfstoffe abhalten sollten. Wirklich sicher war man in diesen provisorischen Luftschutzbunkern aber nicht. Selbst die »echten« Bunker aus Stahlbeton konnten von schweren Bomben durchschlagen werden. Darüber wurde offiziell aber nicht geredet.

Seit 1943 verwendete man die Gewölbe der Brauereien auch noch für andere Zwecke. Die zunehmende Wucht und Treffsicherheit der alliierten Bomberverbände richtete sich nämlich nicht nur gegen die deutschen Städte, sondern auch gegen die Rüstungsindustrie. Konzentrierte Angriffe auf bestimmte Produktionszweige (wie zum Beispiel die Kugellagerindustrie) konnten theoretisch die gesamte Kriegsmaschinerie lahmlegen. Deswegen fing die deutsche Führung an, Teile der Rüstungsproduktion unter die Erde zu verlegen. Zwangsarbeiter und KZ-Häftlinge spielten bei dieser Maßnahme eine besondere Rolle. Unter oftmals katastrophalen Umständen mussten sie für die Rüstungsindustrie schuften. Berüchtigt waren hier vor allem die Stollen im thüringischen Nordhausen, in denen die V2-Rakete produziert wurde. In das Programm der »Untergrund-Verlagerung« wurden auch Berliner Brauereien aufgenommen. So stellte zum Beispiel die Firma Telefunken unter dem Decknamen »Lore« in den Gewölben dreier Brauereien elektronische Bauteile her. Der militärische Nutzen der Waffenproduktion in den Brauereien ist allerdings umstritten. Die hohe Luftfeuchtigkeit der Gewölbe wird den Geräten, die man dort produzierte, wohl eher geschadet haben. Insgesamt konnte die deutsche Kriegsindustrie 1944 trotz der ständigen Luftangriffe ihren Ausstoß bedeutend steigern. Welchen Anteil die Untergrund-Verlagerung daran hatte, ist aber schwer einzuschätzen. Auf jeden Fall konnten die Nazis ihre militärische Niederlage damit nicht abwenden. Dies hing mit der erdrückenden Übermacht der Alliierten, der Knappheit an Öl und der banalen Tatsache zusammen, dass tote Soldaten nicht so leicht ersetzt werden können wie zerstörtes Kriegsgerät.

Bei den Straßenkämpfen in Berlin wurden 1945 mehrere Brauereien als Festungen verwendet. Die großen Anlagen konnten relativ leicht verteidigt werden, und in den Gewölben war reichlich Platz für Soldaten und Kriegsmaterial. In der Brauerei Schultheiss I sollen sich etwa 1000 Soldaten aufgehalten haben, darunter viele Mitglieder der NSDAP und der SS. Im Innenhof des Areals wurden während der letzten Tage des Krieges deutsche Soldaten, die nicht mehr kämpfen wollten, als Deserteure aufgehängt. Und der SPD-Aktivist Otto Schieritz, den die Nazis bereits über vier Jahre lang inhaftiert hatten, wurde noch am 2. Mai, dem Tag der deutschen Kapitulation in Berlin, von SS-Mitgliedern in der Brauerei getötet. Er hatte eine rote Fahne aus dem Fenster seiner Wohnung gehängt.

Die Brauereien sollten sich vom Krieg nur langsam oder gar nicht mehr erholen. Für die Berliner ging es nun ums Überleben und nicht ums Vergnügen. Besonders problematisch gestaltete sich die Situation für die Brauereien im Osten der Stadt: Die Demontage vieler Anlagen durch die Sowjets, veraltete Maschinen sowie der Mangel an Ersatzteilen, Bierflaschen und Hopfen hemmten die Produktion spürbar. Erst in den 50er Jahren verbesserte sich die Situation etwas. In den folgenden Jahrzehnten bewirkten dann aber industrielle Konzentrationsprozesse einen anhaltenden Rückgang der Anzahl der Brauereien, eine Tendenz, die sich bis zur Gegenwart fortgesetzt hat: Die modernen Betriebe sind gigantische Fabriken, die große Mengen Bier zu sehr niedrigen Preisen herstellen können. Kleinere Brauereien kommen gegen diese geballte Macht nicht an. Und da sich die Konsumenten letzten Endes am Preis orientieren, ist es kein Wunder, dass es heute immer weniger Brauereien gibt. Lediglich für Betriebe, die in kleiner Produktion besondere Sorten für Kenner produzieren, gibt es noch Platz auf dem Markt. Insgesamt hat die Branche auch damit zu kämpfen, dass Bier heutzutage bei jüngeren Menschen weniger Anklang findet. Die Entstehung »nichtalkoholischer« Subkulturen wie zum Beispiel der Techno-Bewegung auf der einen Seite und der zunehmende Konsum alkoholischer Mischgetränke auf der anderen Seite haben dem Bier seine führende Rolle streitig gemacht. Ob neue Produkte und die Marketing-Kampagnen der Brauereien diesen Trend aufhalten können, wird sich zeigen.

Wie sieht es heute in den stillgelegten Brauereien aus? Nach entsprechenden Sanierungsmaßnahmen haben sich dort Betriebe, Büros, Geschäfte und Lokale angesiedelt. Teilweise werden die Bauten auch für kulturelle oder soziale Zwecke verwendet. Interessante Modelle dieser

Hauptgang einer alten Brauerei

Art sind die Kulturbrauerei, die *Brauerei Königstadt* und der Pfefferberg – alle drei haben in Prenzlauer Berg ein eigenes Nutzungsprofil entwickelt. In der ehemaligen Brauerei Schneider an der Greifswalder Straße wiederum befinden sich nun die »UFO Sound Studios«, in denen Bands aus aller Welt ihre Musik aufnehmen. Anderswo werden die Gelände zum Beispiel für die Veranstaltung von Flohmärkten verwendet. Oder sie stehen leer. Die Ruine der halb abgerissenen, kriegsbeschädigten Brauerei Patzenhof an der Landsberger Allee stellt nur noch ein trauriges Relikt ihrer einstigen Größe dar.

Und die Gewölbe? In manchen Kellern wurden nach dem Ende der Bierproduktion Champignons gezüchtet. Mitunter kann man dort noch die Fässer entdecken, in denen der dafür nötige Pferdemist herangeschafft wurde. Anderswo hat man die Gewölbe als Lager oder wilde Müllkippen verwendet. Heutzutage sind diese Räume als Clubs sehr beliebt – denn da unten gibt es große Tanzflächen, und man kann die Musik sehr laut aufdrehen! Problematisch sind dabei allerdings der Mangel an sanitären Einrichtungen sowie die Sicherheitsvorschriften der Behörden. Die riesigen Gewölbe von Schultheiss I dienen heutzutage größtenteils als Tiefgaragen. Darüber hinaus werden Brauereigewölbe manchmal auch für Ausstellungen verwendet. Eine langfristige, anhaltende Nutzung dieser Räumlichkeiten ist aber problematisch: Sie sind kalt (wofür sie ja auch gebaut wurden) und nass. Dementsprechend müssen sie trockengelegt, saniert und dann entsprechend modifiziert werden. Angesichts der anhaltenden wirtschaftlichen Misere Berlins scheuen die Anleger solche Investitionen jedoch – dafür gibt es in der Stadt zu viele andere Objekte, die schnellere Gewinne versprechen. Somit bleiben die Gewölbe stumme Zeugen vergangener Zeiten. Sie erzählen von den ungeheuren Geldsummen, die einst im märkischen Sande verbaut wurden, von der industriellen Revolution, von den harten Arbeitsbedingungen, von Lust und Leid des Alkoholkonsums, von der Arbeiterbewegung, von Zwangsarbeitern, vom Bombenkrieg und letzten Bastionen in einem bereits verlorenen Kampf, von postmodernen Nutzungskonzepten und ... von Champignons! Werden diese Gewölbe in 50 Jahren noch andere Geschichten zu erzählen haben?

Brauerei-Besichtigungen
Auf seinen Untergrund-Rundgängen und Stadtrundfahrten führt der Verein »unter berlin« auch durch ehemalige Brauereien in Berlin.
Tel. 31 01 73 73 / 31 50 98 66
www.unter-berlin.de

Brauerei Königstadt
Der Historiker und Archäologe Dr. Martin Albrecht bietet spezielle Führungen durch die Brauerei Königstadt an.
Tel. 442 20 70

Vom Rinnstein zum Klärwerk

Berlin um 1850: Die Stadt stinkt zum Himmel. Und noch viel schlimmer – immer wieder erkranken Menschen an gefährlichen Infektionen. Das ist auch kein Wunder, denn die hygienischen Zustände sind fast noch mittelalterlich. Auf den Straßen liegt überall Dreck, und in den Rinnsteinen fault eine modrige Brühe vor sich hin. Besonders schlimm sind die Zustände bei der Wasserversorgung und der Entwässerung. So ist es nur eine Frage der Zeit, wann Seuchen ausbrechen werden, vielleicht sogar wieder die Pest. Es muss dringend etwas unternommen werden, um die Zustände zu verbessern ...

Die Wasserversorgung

Wo kam das Wasser damals her? Nun, die Berliner holten es normalerweise aus Brunnen in den Hinterhöfen. Dies war insofern problematisch, als sich in unmittelbarer Nähe die Sickergruben der Toiletten befanden. Zu jener Zeit mussten sich nämlich die Bewohner der Mietskasernen meistens einige wenige »Örtchen« im Hof teilen. Die Sauberkeit des Grundwassers war somit ständig von krankheitserregenden Keimen bedroht. Zusätzlich wurde es durch die auf den Straßen versickernden Abwässer verunreinigt: Zwischen den Straßen und Bürgersteigen lagen offene Abflusskanäle, die in die Spree oder andere Gewässer führten. In diese 50 Zentimeter breiten und etwa 60 Zentimeter tiefen Rinnsteine wurden Schmutzwasser aus den Häusern, Küchenabfälle und der Inhalt der Nachttöpfe gekippt. Teilweise landeten auch die Abwässer der Industrie dort. Wehe dem, der ausrutschte und in den Rinnstein trat! Da das Gefälle der Rinnsteine oft zu gering war, versickerte das Wasser teilweise einfach im Boden. Für die

Zeitgenössische britische Karikatur

Kleiner Wasserturm Prenzlauer Berg

Spree wurde die Belastung noch dadurch vergrößert, dass die Fäkalien aus den Sickergruben und Latrinen direkt in den Fluss geschüttet wurden. Aus diesen Zuständen gingen Krankheiten wie zum Beispiel der Typhus hervor, der die Erkrankten wochenlang mit schwerem Fieber und anderen Symptomen quälen konnte. Ebenso gefährlich war die berüchtigte Cholera.

Um Abhilfe zu schaffen, schloss die preußische Regierung im Jahre 1852 einen Vertrag mit Sir Charles Fox und Thomas Russell Crampton ab, die Berlin mit fließendem Wasser versorgen sollten. Dass es sich bei den beiden Unternehmern um Briten handelt, sollte nicht überraschen. Großbritannien war damals das modernste Land der Welt, dort kaufte man Maschinen, Ingenieure und das entsprechende Know-how ein. Die Idee einer hygienischen Wasserversorgung hatte übrigens nicht nur Freunde: Der Berliner Magistrat hielt diese Maßnahmen für unnötig und scheute die anfallenden Kosten. So ist es in der Geschichte oft gewesen: Der Fortschritt wurde nicht etwa mit Jubel, sondern mit dem entsetzten Aufschrei »Das ist doch viel zu teuer!« begrüßt. Im 19. Jahrhundert dachten vor allem die konservativen Kräfte, aber auch die Liberalen, dass die Gesundheit der Bevölkerung nicht zu den Aufgaben des Staates gehören würde. Dieser hätte nur für die Verwaltung, die öffentliche Ordnung und die Verteidigung des Landes zu sorgen. Den Rest würde der Markt schon regeln!

Großer Wasserturm Prenzlauer Berg

Auf dem noch unbewohnten Windmühlenberg vor den Toren der Stadt entstand ab 1853 die erste Wasserversorgungsanlage Berlins. Die markanten Bauwerke des *Wasserspeichers Prenzlauer Berg* gelten heutzutage als Wahrzeichen des Stadtteils. Zuerst wurden bis 1856 ein kreisförmiger offener Wasserbehälter mit einem Fassungsvermögen von 3000 Kubikmetern sowie ein 33 Meter hoher Steigrohrturm errichtet. Das Wasser dafür kam aus einem Werk vor dem Stralauer Tor (an dieser Stelle war die Spree noch relativ sauber, da sie Berlin noch nicht erreicht hatte). Weil der Wasserverbrauch der Stadt aber schnell anstieg, reichten diese Anlagen bald nicht mehr aus. Zudem gab es Klagen, dass die britischen Betreiber zu viel Geld für das kostbare Nass verlangen würden. Schließlich kaufte die Stadt 1873 der »Berlin Waterworks Company« das Werk ab und

erweiterte es in den folgenden Jahrzehnten: Ein überdachter Tiefbehälter mit einer Kapazität von 7000 Kubikmetern entstand, zudem wurde der große Wasserturm mit einem Hochreservoir und Wohnungen für Mitarbeiter der Wasserwerke gebaut. Maschinen- und Pumpenhäuser kamen hinzu. Außerdem wurde der kleine Wasserbehälter abgedeckelt – nun konnte sein Inhalt nicht mehr durch Ruß und Abgase verschmutzt werden!

Trotz dieser Maßnahmen zeigte sich schnell, dass die Anlage dem Stand der Technik grundsätzlich nicht mehr entsprach. 1914 wurde sie fast vollständig stillgelegt. Danach verwendete man die beiden Wasserspeicher als Lager. Für diesen Zweck wurden die Behälter mit ebenerdigen Eingängen versehen. Später wurden sie mit Erde bedeckt und begrünt, verschwanden sozusagen unter einem Hügel. Im Jahre 1933 spielte sich hier ein dunkles Kapitel der deutschen Geschichte ab: Die Nazis richteten im März in der Maschinenhalle I eines der »wilden Konzentrationslager« ein, mit denen Berlin nach ihrer Machtergreifung überzogen wurde. Der Prenzlauer Berg war zuvor ein Bezirk gewesen, der von den Linken beherrscht wurde. Die Nazis hatten es nie geschafft, dort wirklich Fuß zu fassen. Aber sie beobachteten natürlich aufmerksam, wer sich für die KPD und die SPD engagierte. Und

Kleiner Wasserspeicher und Steigrohrturm Prenzlauer Berg, 1856

Kleiner Wasserspeicher Prenzlauer Berg

viele dieser Menschen wurden dann in das Maschinenhaus gesperrt, wo man sie misshandelte oder ermordete. Die Bewohner der umliegenden Häuser konnten die Schmerzensschreie der Gefangenen und die Nazi-Lieder hören, die sie singen mussten. Wie viele Personen dort festgehalten wurden und wie viele starben, ist nicht bekannt. Das Lager wurde im Juni 1933 aufgelöst, das Maschinenhaus danach als Unterkunft für obdachlose SA-Männer verwendet. 1935 wurde es abgerissen. Heutzutage findet sich dort ein Kinderspielplatz. 1950 wurde auf dem Areal ein Gedenkstein aufgestellt, dem 1981 eine Gedenkwand folgte. Sie wird seit 2005 durch eine weitere Tafel inhaltlich ergänzt.

Während des Zweiten Weltkrieges wurden Teile des kleinen Wasserspeichers zu einem Luftschutzraum umgebaut. Über eine entsprechende Nutzung sind jedoch keine Details bekannt. Vielleicht hat man schnell eingesehen, dass das alte Gewölbe vor Bomben kaum Schutz geboten hätte. In der Nachkriegszeit verwendete man die Speicher weiterhin als Lagerhallen. Später wurde das Areal auf die Bezirksdenkmalliste gesetzt und 1990 als Denkmalbucheintrag übernommen. Heutzutage werden die beiden Wasserspeicher unter der Regie des »Förderband«-Büros regelmäßig für kulturelle Veranstaltungen verwendet. Vor allem das große Reservoir beeindruckt mit seinen Kreisgängen durch eine schlichte, zugleich aber imposante Architektur. Seine Akustik eignet sich mit einer rekordverdächtigen Nachhallzeit von 18 Sekunden besonders gut für Musik und Klang-, aber auch für Lichtexperimente. Und die Wohnungen im großen Wasserturm erfreuen sich nach wie vor großer Beliebtheit.

Zurück zur Wasserversorgung Berlins. Nach dem Bau der Anlage auf dem Windmühlenberg entwickelten sich die Dinge schnell: Waren ursprünglich nur 300 Haushalte an das Netz angeschlossen, so hatte sich diese Zahl 1878 bereits auf 12 500 erhöht. 1877 wurde in Tegel ein neues Wasserwerk mit einer Pumpstation in Charlottenburg eröffnet. Und von 1889 bis 1893 entstand dann unter der Leitung Henry Gills, des britischen Direktors der Berliner Wasserwerke, am Müggelsee das riesige *Wasserwerk Friedrichshagen.* Zusammen mit dem Tegeler Werk übernahm es die Arbeit der Anlage vor dem Stralauer

Eingang zum kleinen Wasserspeicher Prenzlauer Berg

Tor, die aufgrund der zunehmenden Verschmutzung der Spree den Betrieb einstellen musste. Friedrichshagen war damals das größte und modernste Wasserwerk Europas. Sein Wasser wurde dem Müggelsee entnommen, durch Langsamsandfilter geleitet und über das Zwischenpumpwerk Lichtenberg in die Stadt gebracht. Als technische Fortschritte es ermöglichten, Grundwasser aufzubereiten, fügte man dieses hinzu. In den 70er und 80er Jahren des letzten Jahrhunderts wurde das Wasserwerk Friedrichshagen umfangreich modernisiert und ein Teil der Anlagen dabei außer Betrieb genommen.

Als beeindruckendes Zeugnis der Industriearchitektur steht das historische Wasserwerk Friedrichshagen heutzutage unter Denkmalschutz. Es umfasst ein Areal von 55 Hektar, auf dem sich mehrere Maschinenhäuser, 34 Filter, vier Rieseler sowie diverse Nebengebäude und Wohnhäuser befinden. Ein ehemaliges Maschinenhaus dient als Museum des Wasserwerkes. Besonders interessant ist dort eine im Originalzustand erhaltene Halle mit drei riesigen Schöpfmaschinen aus dem Jahre 1893. Mithilfe eines Elektromotors kann eine davon Besuchergruppen vorgeführt werden. Die große schnaufende, nach Öl riechende Maschine ist ein Muss für jeden Technikfan! Übrigens wurden Maschinen dieser Art dort noch bis 1979 eingesetzt. In seiner Ausstellung informiert das Museum ausführlich über die Geschichte der Berliner Wasserversorgung und der Kanalisation. Der Besuch des Museums lässt sich auch gut mit einer Führung durch das moderne Wasserwerk und einer Besichtigung der unterirdischen Langsamsandfilter kombinieren. Diese Gewölbe sind besonders beeindruckend und mancher Besucher wird vielleicht denken: »Die habe ich doch irgendwo schon mal gesehen!« Richtig: In diversen TV-Produktionen und dem Kinofilm »Aeon Flux« tauchen sie als ungewöhnliche Kulisse auf.

Seit Anfang des 20. Jahrhunderts wurde die Wasserversorgung größtenteils auf Grundwasser umgestellt. Dieses war sauberer als das Oberflächenwasser und hatte eine konstant niedrige Temperatur. Nur das Friedrichshagener Werk sollte noch bis 1991 Oberflächenwasser aus dem Müggelsee fördern. Für die Förderung des Grundwassers mussten neue Verfahren entwickelt werden, die es ermöglichten, das Wasser zu enteisen. In den folgenden Jahrzehnten wurde das Netz systematisch weiter ausgebaut. Die Wassertürme, die in Berlin vielerorts noch zu sehen sind, können als stolze Symbole jener Zeit angesehen werden. Mit der Gründung Groß-

Museum im Wasserwerk Friedrichshagen

Wasserwerk Friedrichshagen

Gewölbe im Wasserwerk Friedrichshagen

Berlins im Jahre 1920 entstand schließlich eine riesige Metropole, deren Wasserversorgung vereinheitlicht und modernisiert werden musste – eine immense Aufgabe! Dass dieser Prozess trotz der damaligen wirtschaftlichen Probleme bis 1932 weitgehend abgeschlossen werden konnte, zeugt von der Effizienz und Kompetenz der Wasserbetriebe.

Während des Nationalsozialismus gab es keine wesentliche Modernisierung und keinen größeren Ausbau des Systems mehr. Das gigantomanische »Germania«-Konzept der Nazis hätte einen großflächigen Umbau der Berliner Wasserversorgung erfordert. Aber diese Pläne wurden nie umgesetzt. Auf der personellen Ebene wiederum wirkte sich der Nationalsozialismus bei den Wasserwerken in einer sehr deutlichen Form aus: Ab 1933 entfernte man alle Mitarbeiter, die jüdisch waren oder sich nicht zum neuen Regime bekannten. Die Betroffenen wurden fristlos entlassen oder pensioniert, ihre Qualifikationen waren auf einen Schlag wertlos. Sie hatten keine Möglichkeiten, sich gegen diese Entrechtung zu wehren. Eine andere Facette des Nationalsozialismus sollte sich dann zeigen, als während des Krieges Zwangsarbeiter in den Wasserwerken eingesetzt wurden.

Trotz der durch Luftangriffe entstandenen Schäden konnte die Wasserversorgung

Wasserwerk Friedrichshagen, Vertikalschnitt Sammelbrunnen

Berlins in den Kriegsjahren aufrechterhalten werden – obwohl ständig von Bomben getroffene Leitungen repariert werden mussten. Selbst die Straßenkämpfe 1945 und die anschließende Kapitulation führten nur zu örtlichen Störungen, nicht aber zum Zusammenbruch des Systems. Die sowjetischen Truppen sorgten dann schnell durch entsprechende Befehle für die Aufrechterhaltung der Versorgung. In den folgenden Jahren riss die sich anbahnende Teilung Berlins zunächst nur die Verwaltung der Wasserwerke auseinander. Seit 1950 wurden dann auch die Systeme weitgehend voneinander getrennt. Für West-Berlin war dies insofern problematisch, als die eigenen Kapazitäten nicht ausreichten und die Fördermengen somit schnell gesteigert werden mussten. Nach der Wende wuchsen die Systeme dann wieder zusammen.

Heutzutage werden Berlin und Teile des angrenzenden Umlandes von neun Wasserwerken in Beelitzhof, Friedrichshagen, Kaulsdorf, Kladow, Tegel, Tiefwerder, Spandau, Stolpe und Wuhlheide versorgt. Das Wasser wird aus Brunnen gezogen, chemisch und physisch aufbereitet und dann in das 7800 Kilometer lange Rohrnetz geleitet. Hinsichtlich der gegenwärtigen Situation ist noch zu erwähnen, dass der durch den Zusammenbruch der Industrie im Osten Berlins sowie durch steigendes Umweltbewusstsein sinkende Wasserverbrauch den niedrig gelegenen Gebieten Probleme bereitet. Durch den geringeren Konsum ist der Grundwasserspiegel nämlich gestiegen und hat an manchen Gebäuden Schäden verursacht, da in die Keller Wasser eindringt. So hat zum Beispiel die Schließung des Wasserwerkes Jungfernheide im Jahre 2001 zu Problemen in der Siemensstadt geführt. Das Wasser steht dort teilweise weniger als vier Meter unter der Oberfläche. Da man lange davon ausging, dass der Wasserverbrauch steigen und der Grundwasserspiegel somit sinken würde, haben viele Bauherren ihre Häuser nicht richtig abgedichtet – und müssen nun die entstehenden Kosten tragen. Ein bestimmter Grundwasserstand lässt sich nicht einklagen, und Schadensersatzforderungen sind sinnlos, da es die Pflicht der Bauherren ist, ihre Häuser angemessen abzudichten. Auch die Wasserbetriebe, deren Infrastruktur sehr langlebig und auf den Durchlauf bestimmter Mengen ausgerichtet ist, haben mit dem gesunkenen Verbrauch Probleme. So wird zum Beispiel die ordnungsgemäße Durchspülung der Kanalisation bei permanent niedrigen Wasserständen nicht mehr gewährleistet.

Die Kanalisation

Der Aufbau der Wasserversorgung war von immenser Bedeutung für die Gesundheit der Stadtbewohner. Aber damit hatte man das zweite große Problem des 19. Jahrhunderts, nämlich das Fehlen einer Wasser*entsorgung*, noch nicht gelöst. Im Gegenteil – das Abwasserproblem wurde sogar noch schlimmer, da nun ja sehr viel mehr Schmutzwasser anfiel. Die Rinnsteine waren nach wie vor ein hygienisches Ärgernis, die Flüsse immer noch verschmutzt.

Eine erste Initiative für den Bau einer *Kanalisation* scheiterte im Jahre 1866, als die Stadtverordnetenversammlung einen Entwurf von Friedrich Wiebe ablehnte. Dessen Konzept hätte unter anderem die Spree zu sehr belastet. Danach wurde eine Deputation unter Führung des berühmten Arztes Rudolf Virchow eingesetzt, die sich systematisch mit der Entwässerung befassen sollte. Virchow befürwortete eine »Schlammcanalisation«, die die Abwässer durch Rohre aus der Stadt hinausleiten sollte. Das Deputationsmitglied James Hobrecht legte 1871 einen entsprechenden Plan vor. Sein Entwurf teilte die Stadt in zwölf voneinander unabhängige Bereiche ein, auch Radialsysteme genannt, in denen die Abwässer an möglichst tiefen

Punkten gesammelt und durch Pumpwerke auf so genannte »Rieselfelder« außerhalb Berlins befördert werden sollten. Daher stammt übrigens die Redewendung »sich berieseln lassen«, die also mit Vorsicht zu genießen ist. Hobrechts Plan wurde ab 1873 umgesetzt, 1876 konnten bereits die ersten Anlagen in Betrieb genommen werden. 1909 war das letzte Radialsystem schließlich komplett. Ein bekanntes Gebäude aus jener Zeit ist das Abwasserpumpwerk am Halleschen Ufer in Kreuzberg, das von 1873 bis 1876 errichtet wurde und vor allem durch seinen ungewöhnlichen Schornstein auffällt. Dieses mit historischen Schmuckelementen verzierte Backsteingebäude war bis 1972 im Einsatz. Heutzutage wird es als Lapidarium für die Aufbewahrung gefährdeter Denkmäler verwendet. Als besonderes technisches Relikt steht dort noch eine erhaltene Dampfturbine der Firma Mehlis & Behrens. Ursprünglich gab es in dem Werk drei Aggregate dieser Art.

Mit dem Bau der Kanalisation verschwanden seit 1876 auch die schmutzigen Rinnsteine. Das neue System hatte bedeutende Auswirkungen auf die Gesundheit der Stadtbewohner. So verschwand zum Beispiel der Typhus fast vollständig aus Berlin. Über die Jahrzehnte hinweg wurde das System immer weiter ausgebaut und verfeinert. 1945 umfassten die Rieselfelder mit ihren Schutzzonen schließlich eine Größe von etwa 20 000 Hektar. Aber schon in der Weimarer Republik hatte sich gezeigt, dass die vorhandenen Flächen langfristig nicht ausreichen würden. Zur Entlastung des Systems baute man deswegen in den 20er und 30er Jahren mehrere Klärwerke, so zum Beispiel in Stahnsdorf und Waßmannsdorf. In diesen Anlagen wurden die Abwässer physisch und chemisch gereinigt.

Die Teilung Berlins nach dem Kriege machte sich auch in der Kanalisation bemerkbar. Bereits während der 50er Jahre ließ die DDR entlang der Sektorengrenze erste Gitter in den begehbaren Kanälen installieren. Damit sollten Fluchtversuche und das Eindringen westlicher Agenten verhindert werden. Nach dem Bau der Berliner Mauer 1961 gab es dann mehrere spektakulare Fluchten durch noch nicht versperrte Kanäle. Aber innerhalb weniger Monate hatten die Grenztruppen das System hermetisch abgeriegelt. Die Sperrgitter wurden oft noch mit Alarmanlagen kombiniert – hier gab es kein Durchkommen mehr. An den Gittern blieb des Öfteren Unrat hängen, der die Kanäle blockierte. Die Verriegelung der Kanalisation war also im wahrsten Sinne des Wortes eine riesige Sauerei! Im Rahmen einer deutsch-deutschen Zusammenarbeit mussten Kanalisationsarbeiter aus Ost und West diese Verstopfungen dann wieder beseitigen. West-Berlin errichtete in den folgenden Jahren neue Klärwerke, um von der technischen Infrastruktur des Ostens unabhängig zu werden. Die DDR wiederum versuchte seit 1970, ihre Abwasserentsorgung von West-Berlin abzukoppeln. Aus Kostengründen wollte man ein eigenes, autarkes System aufbauen. Diese Maßnahmen waren zunächst aber mit sehr hohen Ausgaben verbunden: Im Grenzbereich mussten die Kanäle umgebaut, abgemauert oder neu gebaut werden. Außerdem war es notwendig, zusätzliche Pumpwerke zu errichten. Bis 1989 hatte der Osten die Trennung der Systeme weitgehend vollzogen. Nach der Wende wurde sie wieder rückgängig gemacht.

Heutzutage umfasst die Berliner Kanalisation ein Rohrnetz von etwa 9300 Kilometern Länge. Das System stützt sich auf knapp 150 Pumpwerke, die die Abwässer zu den Kläranlagen leiten. Neben den Kläranlagen gibt es zahlreiche Sonderbauwerke wie zum Beispiel Regenüberläufe, Regenbecken und Dükeranlagen (Letztere werden verwendet, um Hindernisse wie Tunnel zu »unterfahren«). Von der Praxis der Rieselfelder ist man aus ökologischen Gründen mittlerweile abgekommen. Auf den Flächen hatten sich nämlich im Laufe der Zeit giftige Schwermetalle und organische Schadstoffe angesammelt. Die Rieselfelder waren somit zu ökologischen Altlasten geworden. Durch Renaturierungsmaßnahmen haben sich auf diesen Feldern seitdem aber wertvolle Biotope entwickelt.

Bei der Entwässerung Berlins wird zwischen zwei verschiedenen Systemen unterschieden. In den Außenbezirken verwendet man das Trennsystem: Durch die Schmutzwasserkanäle werden häusliche, gewerbliche und industrielle Abwässer zu den Pumpwerken und dann in die Klärwerke geleitet. Die Regenwasserkanäle wiederum leiten Niederschlag in öffentliche Gewässer hinein. Da Regenwasser heutzutage oft durch Straßenabfälle oder Öl aus Kraftfahrzeugen verschmutzt wird, muss es zuvor in speziellen Regenbecken gereinigt werden. Etwa drei Viertel der kanalisierten Gebiete Berlins werden durch das Trennsystem entwässert. Im innerstädtischen Bereich leitet das Mischsystem Schmutz- und Regenwasser gemeinsam ab. Hier ist eine Trennung der beiden Systeme aus Platzgründen nicht möglich, da sich im Untergrund bereits diverse andere Systeme drängen. Wenn es starken Regen gibt, kann das Mischsystem die großen Wassermassen nicht bewältigen – dann werden »Regenentlastungsanlagen« wie zum Beispiel Regenüberläufe, Entlastungskanäle und Regenbecken hinzugeschaltet. In diesen Bauwerken wird das Mischwasser »zwischengelagert« und teilweise auch rudimentär gereinigt, bevor es zu einem späteren Zeitpunkt in die Kläranlagen geleitet wird. Wenn es allerdings sehr stark regnet und die Entlastungsanlagen bereits gefüllt sind, muss das überschüssige Wasser direkt in öffentliche Gewässer im Stadtinneren abgeleitet werden.

Zu den besonderen Einrichtungen der Kanalisation gehören die Regenüberlaufbauwerke in der Erich-Weinert-Straße und der Hohenstaufenstraße. Diese Anlagen wurden gebaut, um vor Ort auftretende größere Mengen Regenwasser über eine längere Distanz hinweg abzuleiten. Ein viereinhalb Kilometer langer Notauslass führt von der Erich-Weinert-Straße zur Spree, während ein über drei Kilometer langer Entlastungskanal das Werk in der Hohenstaufenstraße mit dem Landwehrkanal verbindet.

Sechs Klärwerke in Ruhleben, Stahnsdorf, Waßmannsdorf, Münchehofe, Wansdorf und Schönerlinde reinigen heutzutage die Abwässer Berlins und leiten sie dann in die fließenden Gewässer der Stadt. Das Wasser wird in einem fünfstufigen Prozess gereinigt. Aus dem dabei anfallenden Klärschlamm lässt sich übrigens noch Energie gewinnen.

Die Berliner Kanalisation funktioniert nicht von allein, sie muss permanent gereinigt, überprüft, repariert und saniert werden. Arbeitsintensive Aufgaben sind dafür im Berliner Untergrund zu erfüllen: Auf dem Boden der Kanäle sammeln sich Schlamm, Sand und Unrat, an den Wänden bilden sich Ablagerungen. Hier kann es schnell zu Verstopfungen kommen, die unbedingt vermieden werden müssen. Auch undichte Stellen sind ein großes Problem – die Abwässer verunreinigen dann nämlich das Grundwasser. Außerdem kann das Grundwasser in die Kanalisation eindringen, was wiederum die Menge des zu klärenden Abwassers erhöht. Obwohl ferngesteuerte Reinigungsapparate und fahrbare Überwachungskameras den Arbeitern heutzutage einen Teil der Last abnehmen, ist ihre Tätigkeit nach wie vor anstrengend und gefährlich. Es ist ein Beweis für das Können dieser Menschen, dass es in unserem Alltag normalerweise keine »bösen Überraschungen« gibt.

Bleibt zum Schluss vielleicht noch zu erwähnen, dass die Aufgabe der Errichtung einer Kanalisation für Berlin immer noch nicht abgeschlossen ist. Bestimmte Randgebiete wie zum Beispiel Blankenburg, Karow und Buch müssen sich teilweise noch mit teuren Sammelgruben behelfen.

Berliner Wasserwerke
Gruppenführungen durch Wasser- und Klärwerke werden regelmäßig angeboten.
Tel. 86 44 63 93

Kanalisation
Normalerweise wird die Kanalisation einmal im Jahr am »Tag der Offenen Tür« interessierten Berlinern zugänglich gemacht.
Tel. 86 44 63 93
www.bwb.de

Museum im Wasserwerk Friedrichshagen
Dieses Museum dokumentiert die Geschichte der Berliner Wasserversorgung und Kanalisation. Es werden Führungen angeboten, und nach vorheriger Anmeldung kann man das Archiv einsehen.
Müggelseedamm 307, 12587 Berlin
März–Okt: Di–Fr 10.00–16.00 Uhr,
So, Feiertage: 10.00–17.00 Uhr;
Nov–Feb: Di–Fr 10.00–15.00 Uhr,
So, Feiertage 10.00–16.00 Uhr
Tel. 86 44 76 95
www.museum-im-wasserwerk.de

Wasserspeicher Prenzlauer Berg
In der ältesten Berliner Wasserversorgungsanlage finden regelmäßig Veranstaltungen unter der Obhut des »Förderband«-Kulturbüros statt.
Tel. 28 59 97 37
www.reservoirs.de
Der Verein »unter-berlin« führt im Rahmen seiner Untergrund-Rundgänge auch durch die Wasserspeicher.
Tel. 31 01 73 73 / 31 50 98 66
www.unter-berlin.de

Rohrpost: Die vergessene Innovation

Wer erinnert sich noch an die Berliner Rohrpost? Wer würde glauben, dass Briefe und andere Schriftstücke einst mit Druckluft durch Rohre geschossen wurden, die sich durch die ganze Stadt zogen? Wer kann sich vorstellen, dass ein aufgegebener Rohrpostbrief den Empfänger innerhalb einer Stunde erreichte? Dieses Hightech-System des 19. Jahrhunderts ist heutzutage in Vergessenheit geraten – so wie sich vielleicht eines Tages niemand mehr an das Internet erinnern wird.

Die Geschichte der Rohrpost beginnt mit der industriellen Revolution, die um 1830 nach Berlin kam und die Stadt rapide veränderte. Im so genannten »Feuerland« vor dem Oranienburger Tor entstanden innerhalb kürzester Zeit zahlreiche Betriebe, die Dampfmaschinen, Lokomotiven, Schienen, Pumpen, Kräne, Aufzüge und anderes herstellten. Ab 1850 bildeten sich dann in der Stadt weitere Industriezentren heraus, so zum Beispiel in Moabit. Das schnelle Wachstum der Industrie zog wie ein Magnet Arbeitskräfte in die Stadt, es kam zu einer Explosion der Bevölkerung. Ganze Stadtviertel mit Mietskasernen wurden in wenigen Jahren aus dem Boden gestampft. Das Verkehrsnetz der Stadt konnte mit dieser Expansion allerdings nicht mithalten: Die Straßen waren ständig verstopft, mit einer Geschwindigkeit von fünf Kilometern pro Stunde quälten sich Fuhrwerke und so genannte Pferde-

Kompressoren in einer Rohrpostanlage

Omnibusse voran. Da war man oft zu Fuß schneller.

Diese Langsamkeit war nicht nur beim Transport von Waren und Menschen ein großes Problem, sondern auch bei der Übermittlung von Nachrichten. Denn gerade die schnelle Kommunikation wurde im Zeitalter des Maschinentaktes und der synchronisierten Abläufe immer wichtiger. Ein öffentliches Fernsprechnetz gab es in Berlin erst seit 1881, die Telegraphie war umständlich und langsam. Und das Fahrrad konnte zu jener Zeit als Fortbewegungsmittel noch nicht ernst genommen werden. Etwas musste also geschehen.

Wenn man damals in die Zukunft schauen wollte, sah man nach Großbritannien. Dort hatte die industrielle Revolution bereits zwischen 1750 und 1780 stattgefunden, der Vorsprung der Briten war im 19. Jahrhundert dementsprechend groß. Und sie hatten für viele Probleme, mit denen sich die Kontinental-Europäer noch quälten, bereits eine Lösung gefunden. So war es auch mit dem »pneumatic despatch«-System, das 1863 in London die Arbeit aufnahm: Per Druckluft beförderte man Pakete und Schriftgut unter den Straßen der Stadt durch große Rohre. Die neue Technik erwies sich als bahnbrechender Erfolg und breitete sich schnell in vielen Ländern aus. Für die moderne kapitalistische Wirtschaft erwies sich die Rohrpost als unerlässlich. Sie war schnell, billig und dokumentenecht – und kam so bald auch nach Berlin.

Werner von Siemens baute hier die erste Rohrpost, die 1865 in Betrieb genommen wurde. Sie verband die Börse, am heutigen Hackeschen Markt gelegen, mit dem Haupttelegraphenamt in der Französischen Straße. Das Berliner System funktionierte nicht nur mit Druck-, sondern auch mit Saugluft. Die etwa einen Meter unter dem Bürgersteig verlegten eisernen Rohre waren sechseinhalb Zentimeter dick und wurden von kleinen »Depeschenwagen« durchfahren. Diese Fahrzeuge erwiesen sich jedoch aus mehreren Gründen als problematisch und wurden 1867 durch 25 Zentimeter lange Kapseln aus Weißblech ersetzt. Eine weitere Linie kam im Jahre 1868 hinzu und führte vom Haupttelegraphenamt zu einer Dienststelle am Potsdamer Platz.

Auch der Nationalsozialismus ging nicht spurlos an der Rohrpost vorbei

Die frühe Rohrpost hatte noch mit diversen Problemen zu kämpfen. So bildete sich zum Beispiel im Winter Eis in den Rohren. Hinzu kam, dass die vorhandenen Druck- und Saugluftmaschinen nicht stark genug waren – mitunter blieben die Büchsen in den Rohren stecken. Erst nach Behebung

S. 46/47: Das Rohrpostnetz in Berlin

Tegeler See
Rust
Hakenfelde
Reinickend
Schießplatz Tegel
JUNGFERN-HEIDE
Volkspark Jungfernheide
Haselhorst
Plötzensee
Siemensstadt
Stresow
Ruhleben
Tiefwerder
Pichelsberge
Charlottenburg 11
Westend
Charlottenburg 5
Charlottenburg 1
Charlottenburg 9
Charlottenburg
Charlottenburg 2
NW 87
NW 2
Charlottenburg 4
RPD.
Messe und Ausstellungs-Hallen
Halensee
W 50
W 30
W 15
W 62
Wilmersdorf 1
Wilmersdorf
Schöneberg 5
Grunewald
Wilmersdorf 2
FORST
Schmargen-dorf
Friedenau
GRUNEWALD
Steglitz 1
Steglitz
Dahlem
Lichterfelde

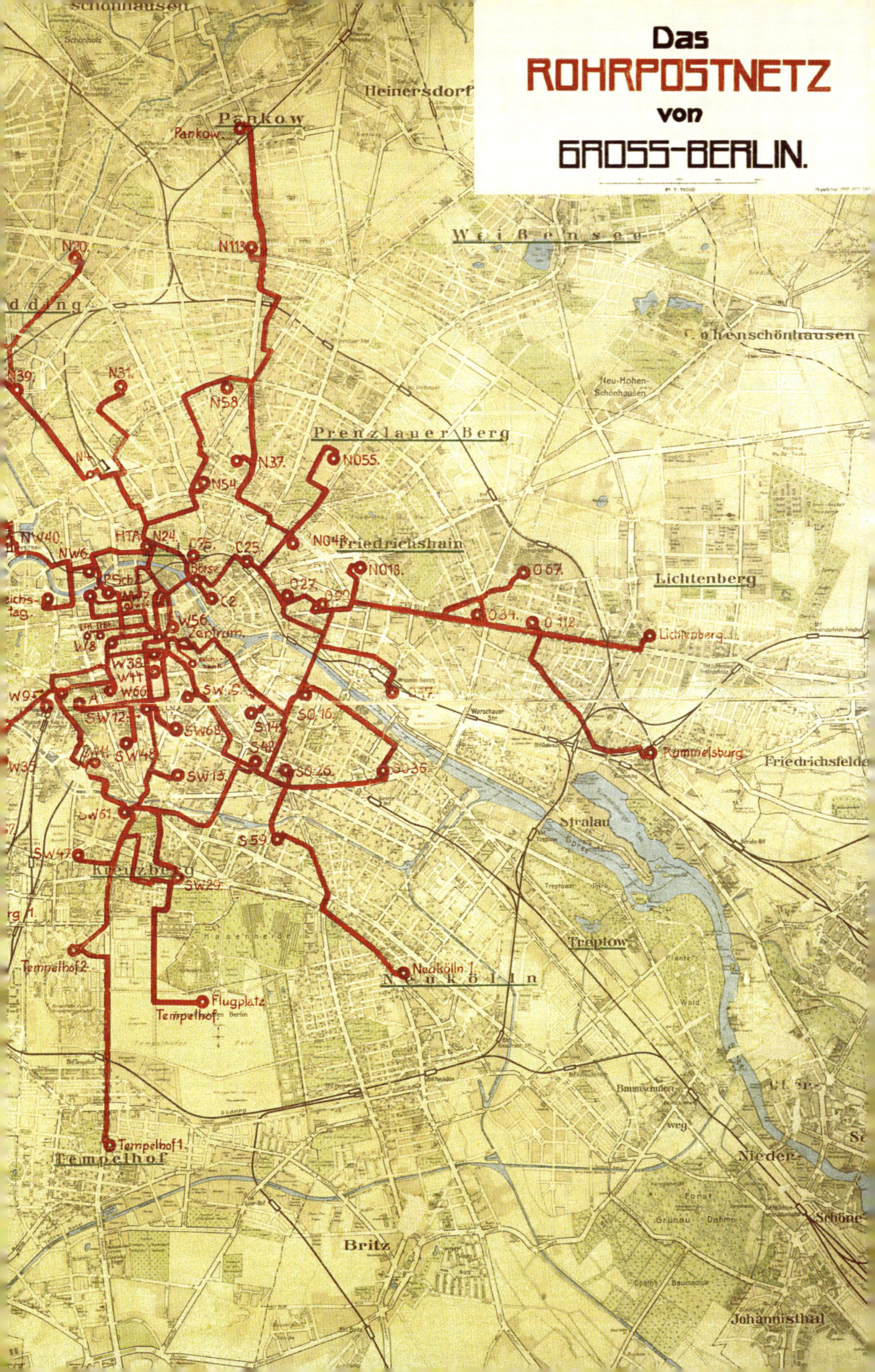

Das
ROHRPOSTNETZ
von
GROSS-BERLIN.
Pankow
Heinersdorf
Weißensee
Hohenschönhausen
Neu-Hohen-Schönhausen
Prenzlauer Berg
Friedrichshain
Lichtenberg
Friedrichsfelde
Rummelsburg
Stralau
Treptow
Kreuzberg
Neukölln
Tempelhof
Britz
Baumschulenweg
Nieder-Schöne
Johannisthal
N20.
N113
N39
N31.
N58
N37.
N055.
N54
N4
NW40.
NW6.
HTA
N24.
C25.
N04
N018.
O 67.
O27.
O34.
O 112.
C2.
W56.
Zentrum
W38
W41
W66
W9
W8
SW12
SW68
SW48
SW13
SW61
SW47
SW29
S14
S42
S59
SO16.
SO26.
SO36.
Lichtenberg
Neukölln 1.
Tempelhof 2.
Flugplatz
Tempelhof
Tempelhof 1.

dieser Kinderkrankheiten wurde das Netz 1878 für die Öffentlichkeit freigegeben.

In den folgenden Jahrzehnten wuchs und wuchs das System. Jedes Jahr wurden Millionen Briefe, Postkarten und Telegramme durch den Untergrund geschickt. Wer ein Schriftstück schnell versenden wollte, brachte es zum nächsten Rohrpostamt und konnte davon ausgehen, dass die Nachricht den Empfänger innerhalb einer Stunde erreichte. Dabei wurden die Büchsen nicht einzeln durch das System geschickt, sondern zu kleinen Zügen mit bis zu zehn Kapseln verbunden. Über Morsegeräte wurde den benachbarten Stationen die Abfahrt oder das Eintreffen der kleinen Züge mitgeteilt. Für die Bedienung der Apparaturen war übrigens eine spezielle Einweisung erforderlich, man brauchte ein besonderes Fingerspitzengefühl. Die *Zentrale der Rohrpost* blieb das 1916 in die Oranienburger Straße umgezogene Haupttelegraphenamt.

In den 20er Jahren gab es wichtige technische Verbesserungen – wie zum Beispiel die Möglichkeit, durch die Büchsen während der Fahrt Weichen stellen zu lassen. Dadurch erhöhte sich die Flexibilität des Systems bedeutend. Während des Zweiten Weltkrieges erreichte die intensiv für militärische Zwecke genutzte Rohrpost schließlich ihren Höhepunkt. Zu jener Zeit gab es in Berlin etwa 90 Rohrpostämter. Die zunehmenden Bombenangriffe und die Straßenkämpfe 1945 zerstörten dann aber große Teile des Netzwerkes.

Nach dem Krieg wurde das System notdürftig repariert. Doch die Teilung Berlins sollte auch vor der Rohrpost nicht Halt machen: Seit 1949 hatte die Stadt zwei getrennte Systeme. Die Sowjets zerschnitten das Netz, da sie offenbar subversive Botschaften aus dem Westen befürchteten. Der einsetzende Niedergang der Rohrpost wurde durch die wachsende Zahl der Telefonanschlüsse sowie durch Fax- und Kopiergeräte beschleunigt. Ihre Spur verliert sich irgendwo in den 70er, 80er Jahren. Zuerst stellte West-Berlin den Betrieb ein, dann der Osten der Stadt.

Zum Abschluss sollte aber noch erwähnt werden, dass die Rohrpost vielleicht ein Comeback erleben könnte. So spukt zum Beispiel das Projekt eines Systems für Güter im Ruhrgebiet schon seit einiger Zeit durch die Köpfe der Planer: Bochumer Kanalisationsforscher möchten dabei Container und Paletten von »CargoCaps« durch den Untergrund transportieren lassen. Diese vollautomatischen Frachtdrohnen würden allerdings nicht mit Druckluft, sondern von Elektromotoren angetrieben werden. Solch ein System könnte die Straßen des Ruhrgebietes nachhaltig entlasten. Dieses Projekt wird auch »Unternet« genannt. Und es ist längst nicht die einzige unterirdische Vision der Zukunft – lassen wir uns überraschen!

Führungen durch die ehemalige Rohrpostzentrale

Der Verein »Berliner Unterwelten« bietet Rundgänge durch die Anlage in der Oranienburger Straße an, ebenso der Verein »unter-berlin« im Rahmen seiner Untergrund-Stadtrundfahrten.

Berliner Unterwelten
Tel. 49 91 05 17
www.berliner-unterwelten.de

unter-berlin
Tel. 31 01 73 73 / 31 50 98 66
www.unter-berlin.de

Größenwahn, Bunkerbau und Mythen

Ist ein objektiver Umgang mit den Hinterlassenschaften des Nationalsozialismus möglich? Die unterirdischen Bauwerke aus dieser Zeit tauchen heutzutage regelmäßig in den Medien auf, vor allem im Fernsehen – reißerisch inszeniert und mit Adjektiven wie »geheim«, »unbekannt«, »versteckt«, »labyrinthartig« sowie der endlos wiederholten Frage »Was geschah damals wirklich?« untermalt. Altbekannte Bauwerke werden immer wieder »neu entdeckt«, und der Grundriss des »Führerbunkers« wird zum x-ten Male als Graphik präsentiert. Zwischendurch werden hier und da noch mal Fotos der NS-Wandmalereien im »Fahrerbunker« abgedruckt. Selbst die größten Banalitäten werden dabei als historische Erkenntnisse verkauft. Ein Ende dieses Trends ist nicht abzusehen.

So wie das Bernsteinzimmer, das Nazi-Gold, Hitlers Tagebücher oder die »Wunderwaffen« lässt auch das unterirdische Dritte Reich die Menschen nicht los. Ist es vielleicht die oft zitierte »Faszination des Bösen«, die in Verbindung mit mangelnden Kenntnissen zu solchen Auswüchsen führt? De facto hat sich der Berliner Untergrund zu einer großen Projektionsfläche für wild wuchernde Fantasien entwickelt – vom Tunnel, der angeblich den Führerbunker mit dem Flughafen Tempelhof verband, bis zu den Skeletten, die »da unten« noch irgendwo liegen sollen. Hängt die Faszination vielleicht damit zusammen, dass viele der unterirdischen Bauwerke lange nicht zugänglich waren und teilweise auch jetzt noch verschlossen sind? Ist es der langjährige Mangel an fundierter Literatur, der erst innerhalb der letzten Jahre einigermaßen behoben werden konnte? Wie dem auch sei: Die Kombination von Unkenntnis, Übertreibung und Mythologisierung verblasst schnell, wenn sie mit der Realität konfrontiert wird …

Infrastruktur

Zunächst einmal ist festzuhalten, dass in der Zeit des Nationalsozialismus nur ein einziges für die Infrastruktur Berlins bedeutsames unterirdisches Bauwerk errichtet wurde, nämlich der Nord-Süd-Tunnel der S-Bahn. Die Pläne dafür waren allerdings schon längst vorhanden, man musste sie nur noch überarbeiten und umsetzen. Der Tunnel umfasst die Stationen Nordbahnhof, Oranienburger Straße, Friedrichstraße, Unter den Linden, Potsdamer Platz und Anhalter Bahnhof.

Aufgrund des von den Nazis forcierten Bautempos gab es im August 1935 einen Unfall, der 19 Menschen das Leben kostete. Die Nazis verwandelten die Beisetzung der Toten in eine große Propagandaschau. Und am Ende des Krieges gab es in dem Tunnel ein Ereignis, das noch bis heute von Legenden umrankt wird: Bei den Kämpfen um Berlin wurde am 2. Mai 1945 die Decke des Tunnels unter der Spree gesprengt und das Bauwerk unter Wasser gesetzt. Innerhalb kurzer Zeit lief das Wasser auch in die mit dem Tunnel verbundenen U-Bahnlinien über. Bis heute ist nicht genau geklärt, wer für diese Tat verantwortlich war. Aber die meisten Historiker gehen mittlerweile davon aus, dass es eine Einheit der SS war – möglicherweise sollte so ein Vordringen sowjetischer Truppen durch den Tunnel verhindert werden. Wie viele Menschen durch das eindringende

Wasser ums Leben kamen, ist nicht bekannt. Nach dem Ende der Kämpfe lagen auf den Straßen sehr viele Leichen, die wegen der Seuchengefahr oft schnell verscharrt werden mussten. Zum Zählen blieb in dieser Situation keine Zeit. Zumindest scheint aber festzustehen, dass die hohen Opferzahlen, die früher für dieses Ereignis angegeben wurden, nicht der Realität entsprechen. Mittlerweile wird darauf verwiesen, dass es doch einige Zeit gedauert haben muss, bis der Tunnel lebensbedrohlich unter Wasser stand. Zudem ist davon auszugehen, dass ein Teil der später im Tunnel gefundenen Leichen bereits vorher bei Kämpfen ums Leben gekommen war. Seriöse Schätzungen beziffern die Anzahl der Toten durch die Überflutung auf 100 bis 200 Menschen.

Es bleibt hinzuzufügen, dass der Nord-Süd-Tunnel später in einem ganz anderen Zusammenhang eine traurige Berühmtheit erlangen sollte: Nach dem Bau der Berliner Mauer 1961 wurden die meisten Stationen unter dem Ost-Berliner Stadtteil Mitte verschlossen und von DDR-Grenzern bewacht. Damit sollte verhindert werden, dass Ost-Berliner mit der S-Bahn in den Westen der Stadt entschwanden. In den schwach beleuchteten »Geisterbahnhöfen«, die von den Zügen langsam durchfahren wurden, blieb die Zeit dann stehen – unmittelbar nach der Wende konnte man hier noch Werbeplakate aus der Zeit des Mauerbaus sehen.

Man findet im Berliner Untergrund aber auch noch einzelne Reste der »Germania«-Planung. Hitler träumte davon, aus dem verschmähten »roten Berlin« die Hauptstadt eines von Deutschland beherrschten Europa zu machen. Für diesen Zweck hätte man große Teile der alten Bausubstanz vernichtet und die Stadt 1950 in »Germania« umgetauft. Kernstück dieser Planung waren zwei riesige Achsen, die sich unmittelbar westlich des Brandenburger Tores kreuzen sollten. In der Nähe des Reichstages sollte eine überdimensionierte,

Bunker mit Rundbögen unter dem Flughafen Tempelhof

fast 300 Meter hohe »Halle des Volkes« mit Platz für 150 000 bis 180 000 Menschen entstehen. Allein der Bau der beiden Achsen hätte zum Abriss von 52 000 Wohnungen geführt – eine großflächige Stadtzerstörung! Erste Arbeiten für diesen Zweck wurden unter anderem im Spreebogen nordwestlich des Reichstages verrichtet.

Unmittelbar südlich des sowjetischen Ehrenmals im Tiergarten befinden sich heutzutage zwei etwa 100 Meter lange Tunnelabschnitte, die dort für die »Germania«-Planung gebaut wurden. Sie sollten als Teile eines größeren Systems am Schnittpunkt der beiden Achsen einen kreuzungsfreien Autoverkehr ermöglichen. Direkt westlich dieser zwei Tunnel gibt es noch einen etwa 200 Meter langen Tunnel für die geplante U-Bahnlinie G von Marienfelde nach Lübars. Mit diesen Bauwerken hat sich der Beitrag der Nazis zur unterirdischen Infrastruktur Berlins bereits weitestgehend erschöpft.

Auch der *Flughafen Tempelhof* gibt im Zusammenhang mit den nationalsozialistischen Planungen viel Stoff für Mythen her: Das überdimensionierte, nie fertig gestellte Bauwerk von Ernst Sagebiel sollte eines Tages der Zentralflughafen des von den Nazis besetzten Europa sein. Er wurde dementsprechend mit einer 30-fachen Überkapazität angelegt. Die unterirdischen Bereiche des Flughafens entsprechen ei-

Leitungen im Flughafen Tempelhof

Versorgungstunnel im Flughafen Tempelhof

Unter dem Flughafen Tempelhof

nem Gebäude dieser Größe. Es gibt Tunnel für die Versorgung, einen Eisenbahn- und Autotunnel, in dem während des Krieges Flugzeuge montiert wurden, ein Kraftwerk, ein Wasserwerk sowie verschiedene Bereiche für den Luftschutz. Eine dieser Anlagen wurde mit an Wilhelm Busch erinnernden Wandmalereien verziert. Oft erwähnt wird der ausgebrannte »Film-Bunker«, in dem die Nazis anscheinend Fotos aufbewahrten. 1945 sprengten die Sowjets seine Tür, woraufhin sich der Inhalt entzündete. Angeblich wütete der Brand mehrere Tage lang. Auf jeden Fall müssen dabei sehr hohe Temperaturen geherrscht haben, da der Beton an zahlreichen Stellen von den Wänden platzte. Viel mehr hat der Untergrund des Flughafens nicht zu bieten. Es geht dort nicht zehn Stockwerke hinunter, es liegen dort keine Skelette aus dem Krieg und auch keine amerikanischen Panzer. Auch der angebliche Tunnel zum Führerbunker existiert nicht. Wer einmal nachschauen möchte, kann einen der angebotenen Rundgänge durch den Flughafen buchen (s. S. 59).

Luftschutzbunker

Der Schwerpunkt der unterirdischen Aktivitäten der Nazis lag im Bunkerbau. Bereits Mitte der 30er Jahre entstand in der Wilhelmstraße der erste Luftschutzbunker am neu erbauten Reichsluftfahrtministerium. Fast zur selben Zeit wurde der »Vorbunker« der Reichskanzlei errichtet, der später zusammen mit einem 1943 begonnenen Anbau »Führerbunker« genannt werden sollte. Die bis 1939 erbaute Neue Reichskanzlei war ebenfalls mit Luftschutzbunkern versehen. Bei diesen Anlagen kann man, salopp gesprochen, von »Bunkern für Bonzen« sprechen. Für ihre eigene Sicherheit sorgte die NS-Elite gut vor!

Beim Luftschutz für die Berliner Bevölkerung sah es hingegen ganz anders aus. Die Nazis hatten die Bevölkerung zwar seit 1933 mit der Gründung des Reichsluftschutzbundes, mit Verdunkelungsübungen, der Entrümpelung von Dachböden und anderen Maßnahmen auf den Luftkrieg vorbereitet. Aber Luftschutzbunker gab es kaum. Am Anfang des Krieges standen nur für etwa drei Prozent der Berliner Schutzräume zur Verfügung. Dieses gravierende Defizit hatte mehrere Gründe: Zum einen war es natürlich prinzipiell unmöglich, für mehrere Millionen Menschen Bunker zu bauen. Darüber hinaus hatte »die Front« bei den Nationalsozialisten Vorrang gegenüber den Bedürfnissen der Zivilbevölkerung. Panzer, Geschütze und Flugzeuge waren wichtiger als »defensive« Schutzräume. Auf die Kaltblütigkeit des Regimes gegenüber der eigenen Bevölkerung ist in diesem Zusammenhang oft hingewiesen worden – so etwa auf Hitlers Äußerungen bei Kriegsende, dass das deutsche Volk sich als unterlegen gezeigt und seine Niederlage somit verdient habe. Der berüchtigte »Nero-Befehl«, mit dem Hitler am 19. März 1945 eine umfassende Zerstörung der deutschen Infrastruktur anordnete, ist ein weiteres Indiz für diese Einstellung.

Zum anderen hatte das Regime die gesamte Kriegsführung auf einen schnellen Sieg hin ausgerichtet. Die Eroberung Europas, des »Lebensraumes im Osten« und letzten Endes sogar der Welt war mehrere Nummern zu groß für die Mittelmacht Deutschland. Die Nazis setzten somit darauf, in einem »Blitzkrieg« alle Gegner zu überrennen, bevor diese Zeit hatten, ihr militärisches Potential zu mobilisieren. Luftschutzbunker für Zivilisten passten nicht in das Konzept eines schnellen Sieges.

Bereits im August 1940, ein knappes Jahr nachdem die Nazis Polen überfallen hatten, blieb der Blitzkrieg stecken. Die Luftwaffe, die die Avantgarde des deutschen Militärs dargestellt und unangefochten den Himmel beherrscht hatte, traf über Großbritannien auf einen überlegenen Gegner. Dank ihres Radarsystems konnten die Briten die deutschen Bomberverbände bereits über Frankreich erfassen und ihre Jagdflugzeuge rechtzeitig starten. Die deutschen Bomber wurden dann von wendigen, schnellen »Spitfires« und »Hurricanes« erwartet und in großer Zahl vom Himmel geschossen. Über dem Süden Englands zerbrach der Mythos von der Unbesiegbarkeit der Nazis. Großbritannien wurde nicht sturmreif gebombt, und der Traum vom schnellen Sieg war damit beendet.

In der Nacht vom 25. auf den 26. August 1940 warfen 81 britische Flugzeuge dann als Vergeltung für deutsche Luftan-

Bunkeranlagen unter dem Alexanderplatz

Luftschutz in den Hauskellern

Für die meisten Berliner, die sich während des Krieges in der Stadt befanden, gab es keinen Platz in den vorhandenen Luftschutzbunkern. Die geringe Zahl dieser Bauwerke bedeutete zudem, dass die Menschen oft längere Strecken zurücklegen mussten, um sie zu erreichen. Das Risiko, auf dem Weg bereits in den Bombenangriff zu geraten oder dann vor einem verschlossenen Bunker zu stehen, war somit recht groß. Deswegen harrten die meisten Berliner in den Kellern ihrer Mietshäuser aus. Diese Räumlichkeiten wurden dafür entsprechend hergerichtet: Man verstärkte die Decken mit vertikalen Stützbalken und durchbrach die Wände zu den Nachbarkellern – so sollten Fluchtwege geschaffen werden. Die vorhandenen Fenster wurden vermauert und durch Sandsäcke im Hof zusätzlich gesichert. Außerdem wurden Unterteilungen wie zum Beispiel Verschläge innerhalb des Kellers abgebaut, Hausrat musste entfernt werden. Manchmal wurden die Keller auch durch neue Stahltüren gesichert. Sessel, Sofas und gelegentlich auch Betten wurden in die Räume gebracht, um den Aufenthalt einigermaßen angenehm zu gestalten (solchen Komfort genossen die Insassen der Bunker nicht). Zur Ausstattung gehörten zudem Eimer mit Löschsand oder Wasser, Schaufeln und Hacken sowie Kerzen und Petroleumlampen. Die Hausbewohner führten oft auch Decken gegen Funkenflug und Gasmasken mit sich.

In den schwach beleuchteten Räumen konnten die Menschen die Schüsse der Flugabwehrkanonen sowie die Einschläge der Bomben hören und fühlen. Bei Nahtreffern schwankten die Keller, und Kalk rieselte von der Decke herab. Zwischendurch mussten einzelne Insassen den Keller verlassen, um zu kontrollieren, ob das Haus Treffer erhalten hatte – wenn es sich zum Beispiel um Brandbomben handelte, konnte man diese eventuell noch löschen. Während manche Personen den Aufenthalt in den Kellern relativ gut verkrafteten, passierte es immer wieder, dass andere die Nerven verloren und laut schrien oder sich auf den Boden warfen. Besonders problematisch waren die Zustände 1945 während der Schlacht um Berlin, als viele Menschen drei Wochen lang fast durchgehend in den Kellern ausharren mussten.

Bei schweren Bombentreffern verwandelten sich die Hauskeller schnell in Todesfallen: Dann konnte man dort zerquetscht werden, verbrennen, ersticken, an einer Gasvergiftung sterben oder – falls Wasserleitungen getroffen wurden – auch ertrinken. Hier offenbarte sich explizit das Versagen einer Führung, die die halbe Welt erobern wollte, aber noch nicht einmal die eigene Bevölkerung schützen konnte.

griffe zum ersten Mal Bomben auf Berlin. Weitere Angriffe folgten. Hitler war außer sich vor Wut und drohte am 4. September im Berliner Sportpalast, man würde die britischen Städte »ausradieren«. Dieser Rede folgten schwere Luftangriffe auf die Wohngebiete englischer Städte. Die nächtlichen Gegenschläge der Briten ließen sich damit aber nicht aufhalten. Bis zum Ende des Krieges trafen weit über 300 Luftangriffe Berlin. Hier zeigte sich in aller Deutlichkeit die Unfähigkeit der deutschen Abwehr. Wie der amerikanische Präsident Franklin D. Roosevelt es einmal ausdrücken sollte: »Hitler hat um Europa eine Festung gebaut, aber er hat das Dach vergessen!« Dieses Versagen sollte für die deutsche Zivilbevölkerung dramatische Auswirkungen haben.

Nach den ersten Angriffen auf Berlin

Luftschutzbunker unter einem Fabrikgebäude

wurde dann ein hastiges Bunkerbauprogramm initiiert. So entstanden in der Stadt zahllose Luftschutzräume in verschiedensten Größen, an der Oberfläche und unter der Erde, von den riesigen »Flakbunkern« für Tausende von Berlinern bis zu winzigen Anlagen, in die nur ein paar Menschen passten. Die genaue Zahl dieser Anlagen ist nicht bekannt. Darüber hinaus wurden alle möglichen unterirdischen Räume, die einigermaßen Sicherheit bieten konnten, verbunkert – die Gewölbe der Brauereien, alte Tunnel, Wasserspeicher und andere Bauwerke. Die U-Bahn Berlins war übrigens nur begrenzt für diesen Zweck geeignet, da sie als »Unterpflasterbahn« meistens nicht tief genug lag. Trotz all dieser Anstrengungen konnte die Anzahl der Schutzplätze lediglich verdoppelt werden. Für das Gros der Berliner blieben somit nur die unzulänglichen Schutzräume der Mietskasernen. Die Realität hieß hier: Keller statt Bunker! Der einzige Vorteil der Hauskeller war, dass man sie schnell erreichen konnte. Im Berliner *Anti-Kriegs-Museum* lässt sich ein rekonstruierter Keller dieser Art besichtigen.

Aufgrund der anhaltenden Bombardierungen wurde schließlich ab Sommer 1943 ein großer Teil der Bevölkerung aus Berlin evakuiert. Diese Maßnahme betraf vor allem die Menschen, die nicht als Arbeitskräfte für den Krieg gebraucht wurden: Kinder und Alte. Insgesamt wurde so über eine Million Menschen aus der Stadt gebracht.

Wie kann man sich einen typischen Luftschutzbunker jener Zeit vorstellen? Die Anlagen waren aus Stahlbeton gebaut und wurden durch eine so genannte »Gasschleuse« betreten. Diese Vorrichtung soll-

Ausstellung im Anti-Kriegs-Museum

te das Eindringen chemischer Kampfstoffe verhindern. Zur Abwehr möglicher Gasangriffe gab es zudem noch spezielle Luftfilter und einen künstlich erzeugten Luftüberdruck. Die Bunker waren in kleinere Kammern unterteilt, die von einem Hauptgang aus erschlossen wurden. Mithilfe spezieller Stahltüren konnte man diese Kammern hermetisch abriegeln. Dadurch sollten Verletzungen durch Druckwellen verhindert werden. In den größeren Anlagen gab es normale Toiletten, anderswo musste man »Torfklos« benutzen, in denen die Hinterlassenschaften der Benutzer mit einer Schicht feuchtigkeits- und geruchsabsorbierenden Torfes bedeckt wurden. Am untersten Ende der Skala stand schließlich der altbewährte Eimer.

Wie sah es in den Bunkern während der Angriffe aus? Die britischen Bomber kamen meistens in den späten Abendstunden oder in der Nacht. Der so genannte »Vollalarm« kündigte einen heranfliegenden Bomberverband an. Wenn dieses Signal ertönte, musste man sofort in den Bunker. Deswegen legten sich viele Menschen bereits mit Straßenkleidung ins Bett. Ein Koffer mit den wichtigsten Dokumenten und Habseligkeiten stand griffbereit in der Nähe. Mit großer Eile hasteten die Menschen dann zum Bunker. Wer in der Nähe des Schutzraumes stürzte, riskierte zu Tode getrampelt zu werden. Wenn der Bunker bereits voll war oder schon erste Bomben detonierten, wurden die Türen verschlossen. Aufgrund des Mangels an Luftschutzräumen waren die Bunker meistens überfüllt. Bei länger dauernden Angriffen wurde dann oft die Luft knapp. Während der Bombardierung konnten die auf Bänken sitzenden oder stehenden Bunkerinsassen die Vibrationen und Geräusche explodierender Bomben wahrnehmen. Oft herrschte Schweigen. Bei den ersten Bombenangriffen auf Berlin konnten die Insassen den Bunker nach einer oder höchstens zwei Stunden verlassen. Später waren es dann bis zu vier oder sechs Stunden – die Angriffe wurden immer schwerer, und großflächige Brände in der Umgebung der

Bunkertüren in einem Brauereigewölbe

Bunker machten es oft unmöglich, diese direkt nach dem Angriff zu verlassen. Hier und da wurde übrigens zeitweilig ein System eingeführt, das den Zugang zu Bunkern über Platzkarten regeln sollte. Es setzte sich aber nicht durch, da es zu kompliziert war und die Kontrolle der Karten zu lange dauerte.

Wirklich bombensicher waren die Bunker übrigens nicht. Im Laufe des Krieges wurden ihre Decken und Wände zwar immer mächtiger – aber die Bomben waren ihnen stets einige Schritte voraus: Sie wurden immer größer, ihre Sprengstoffe und Bauweise immer weiter perfektioniert. Während Berlin von schwerwiegenden Deckendurchschlägen größtenteils verschont blieb, kam es in anderen Teilen Deutschlands zu mehreren Vorfällen dieser Art. In den überfüllten Bunkern gab es dabei zahlreiche Tote und Verletzte. Darüber wurde in der NS-Presse aber nicht berichtet. Stattdessen suggerierte man der Bevölkerung eine nicht vorhandene Sicherheit.

Die Luftschutzbunker des Dritten Reiches stellten eine Art Mikrokosmos der politischen Verhältnisse an der Oberfläche dar. So überrascht es nicht, dass Juden der Zutritt zu den normalen Bunkern verwehrt wurde, sie mussten in separaten Luftschutzräumen, manchmal auch »Judenkeller« genannt, Zuflucht suchen, sofern diese überhaupt existierten. Für Zwangsarbeiter gab es bestenfalls leicht verstärkte, völlig unzulängliche Räume. Dementsprechend erlitten diese beiden, als minderwertig angesehenen Gruppen hohe Verluste während der Angriffe. Und so wie in den Mietskasernen der »Blockwart« die Menschen bespitzelte, übernahm der »Bunkerwart« diese Funktion in den Schutzräumen. Denn gerade angesichts der sich permanent steigernden Luftangriffe war ein »Endsieg« ab 1943 kaum noch denkbar. Es war mit Unruhen in der Bevölkerung zu rechnen. Deswegen achtete das Personal in den Bunkern besonders darauf, dass die Insassen keine negativen Äußerungen machten. Ein Satz wie »Der Krieg ist verloren!« konnte bereits zu einem Prozess wegen »Wehrkraftzersetzung« führen. Letzten Endes zeigte sich die Menschenverachtung der Nazis hier ebenso wie in allen anderen Bereichen ihrer Politik. An dieser Stelle sei noch darauf hingewiesen, dass man sich in der für die »Germania«-Baumaßnahmen zuständigen Behörde positiv über die Bombenangriffe äußerte – diese würden nämlich die notwendigen Abrissarbeiten erleichtern!

Heutzutage kann man in Berlin an verschiedenen Stellen noch unterirdische Bunker aus dem Zweiten Weltkrieg finden: Am Gesundbrunnen liegen zwei Anlagen dieser Art, durch die der Verein »Berliner Unterwelten« führt. Ein großer Bunker unter dem Alexanderplatz (den es wahrscheinlich nicht mehr lange geben wird) und der Bunker am Flutgraben in Treptow werden gelegentlich für besondere Veranstaltungen geöffnet. Andere Anlagen sind verschlossen worden, so zum Beispiel der »Fahrerbunker« mit seinen NS-Wandmalereien oder der Bunker des Hotels Adlon.

Der Führerbunker

Die oft und gern gestellte Frage nach dem Führerbunker kann als Evergreen des Berliner Untergrundes angesehen werden. Obwohl bereits mehrere Bücher zu diesem Thema veröffentlicht wurden, gibt es sowohl bei Touristen als auch bei Einheimischen immer noch einen immensen Informationsbedarf. Die Medien, die dieses Interesse bedienen, vermischen dabei gerne Fakten und Legenden, historische Erkenntnisse werden mit Details aus Hitlers Privatleben aufbereitet. Nach wie vor übt »der Führer hautnah« eine ominöse Faszination auf die Öffentlichkeit aus. Und immer wieder werden »sensationelle Enthüllungen« und »unbekannte Fakten« aufgetischt. Führerbunker ohne Ende?

Bei dem Bauwerk handelt es sich eigentlich um zwei verschiedene, durch eine Treppe miteinander verbundene Bunker. Mitte der 30er Jahre wurde ein erster »Vorbunker« errichtet, der unter dem neuen Festsaal der Reichskanzlei lag. Das rechteckige Bauwerk bestand aus knapp 20 Räumen, die zumeist eine Größe von etwa zehn Quadratmetern aufwiesen. Seit 1943 wurde ein weiterer Bunker an diese Anlage herangebaut. Dieser zweite, unter dem Garten der Reichskanzlei liegende Bunker war der eigentliche Führerbunker. Er wird oft auch »Hauptbunker« genannt, lag tiefer als der Vorbunker und verfügte über eine viel stärkere Decke. Seine Entstehung ist im Zusammenhang mit den alliierten Bombenangriffen zu sehen, die Berlin damals immer öfter trafen. Die dabei abgeworfenen Bomben nahmen permanent an Durchschlagskraft zu, der Vorbunker war nicht mehr sicher. Der Hauptbunker wurde übrigens nie fertig gestellt, er blieb ein unvollendetes Bauwerk. Von seiner Größe und Raumaufteilung her war er mit dem Vorbunker vergleichbar. Hitler begab sich Ende Februar oder Anfang März 1945 in den Hauptbunker und hielt sich dort fast durchgehend bis zu seinem Selbstmord am 30. April auf. In dem Bauwerk standen drei Räume sowie entsprechende sanitäre Einrichtungen zu seiner Verfügung.

Diverse Historiker haben sich die Mühe gemacht, minutiös zu rekonstruieren, wer sich wann und wo im Führerbunker aufhielt und was er oder sie dort tat. Da die verschiedenen Versionen sich voneinander unterscheiden und zudem auch immer wieder reale oder vermeintliche Augenzeugen auftauchen, verirrt man sich schnell in einem Dickicht zahlloser Einzelheiten. Das sollte auch nicht überraschen: Zuverlässige schriftliche Aufzeichnungen wurden zu jener Zeit kaum noch angefertigt. Und das menschliche Erinnerungsvermögen, das sich bereits im Alltag durch Schwächen und wahrnehmungsbedingte Verzerrungen auszeichnet, ist vor allem nach extremen, von Stress geprägten Situationen eine mit Vorsicht zu genießende Quelle. Es kommt hinzu, dass viele Beteiligte später nachvollziehbare Gründe hatten, ihre Rolle bei den Ereignissen herunterzuspielen (zum Beispiel in sowjetischer Gefangenschaft) oder aber aufzubauschen (zum Beispiel gegenüber zahlungskräftigen Medien).

Allein die Frage, wie Hitler starb und was danach mit seiner Leiche geschah, hat ein ganzes Genre der Führerbunker-Literatur begründet. Letzten Endes ist es aber auch nicht nötig, jeden einzelnen Sachverhalt bis ins letzte Detail zu kennen (was ohnehin nie möglich sein wird). Es reicht, sich der drei oder vier Leitmotive bewusst zu sein, die das Geschehen und die Atmosphäre innerhalb des Führerbunkers 1945 charakterisierten.

Fast alle Zeitzeugen berichten, dass das Bauwerk feucht und kalt war. Dies hing mit eindringendem Grundwasser zusammen und auch damit, dass der Bunker sich noch im Bau befand und aus den Wänden somit noch Wasser austrat. Die Nässe wiederum verstärkte den unangenehmen Geruch in dem Bauwerk – eine Mischung aus menschlichen Ausdünstungen, ungewaschenen Kleidern, Nahrungsresten, Hundegeruch und dem, was den dürftigen sanitären Anlagen entströmte. In dem engen, überfüllten Bunker hatte man kaum Privatsphäre, es herrschte eine klaustrophobische, durch Intrigen und Rivalitäten aufgeladene Atmosphäre. Gleichzeitig hatte die ganze Situation etwas Irreales an sich: Spätestens nach der Eröffnung der gegnerischen Offensive am 16. April 1945 und dem fünf Tage später erfolgenden Auftauchen erster sowjetischer Verbände in Berlin muss allen Beteiligten klar gewesen sein, dass Deutschland diesen Krieg endgültig verloren hatte. Sowohl innerals auch außerhalb Berlins verfügten die Wehrmacht und die Waffen-SS nur noch über dezimierte, erschöpfte und oft auch schlecht ausgebildete Einheiten, denen es an Waffen, Munition, Treibstoff und

Proviant fehlte. Viele Verbände hatten sich bereits unter der Wucht der sowjetischen Vorstöße aufgelöst, die Kommunikation zwischen den Truppenteilen funktionierte nur noch sporadisch. Trotzdem fantasierte Hitler immer wieder von einem Sieg in letzter Minute und kommandierte Einheiten herum, die oft nur noch auf dem Papier bestanden. Die Menschen in seiner Umgebung wussten zumeist, wie die Lage wirklich war. Aber kaum einer hatte den Mut, Hitler zu widersprechen, den Gehorsam aufzukündigen und ein Ende der Kämpfe zu fordern. Die nationalsozialistische Elite hatte sich ihrem Führer von Anfang an bedingungslos untergeordnet, hatte sich von ihm hypnotisieren lassen und ihre eigene Verantwortlichkeit vollständig an ihn abgegeben. Vielleicht hatten die Menschen in Hitlers Umgebung auch Angst, einen Verrat zu begehen, so wie jener angebliche »Dolchstoß«, der laut NS-Propaganda für die Niederlage 1918 verantwortlich war. Wie viele Menschenleben hätte man noch retten können, wenn Hitlers Gefolgschaft sich geweigert hätte, den sinnlosen Kampf fortzuführen? Ganz am Ende, als Hitler und Eva Braun sich das Leben genommen hatten, löste sich die Schicksalsgemeinschaft des Führerbunkers schließlich auf. Einige nahmen sich ebenfalls das Leben, andere flüchteten …

Die Ereignisse im Führerbunker sollten nicht überbewertet werden. Sie stellen nur einen winzigen Teil des Geschehens in Berlin während der letzten Kriegswochen dar: Kämpfe, Chaos und Zusammenbruch waren viel charakteristischer für diese Zeit, marodierende, nach Rache dürstende sowjetische Soldaten, die SS, die noch bis zur letzten Minute Gefangene, »Deserteure« und »Verräter« ermordete, die Angst der in den Kellern hockenden Zivilisten, die letzten überlebenden Juden, die sich versteckt hatten und immer noch um ihr Leben bangen mussten, Bomben, Granaten und Raketen – verdienen die Ereignisse im Führerbunker vor diesem Hintergrund wirklich so viel Aufmerksamkeit?

Der Rest der Geschichte ist schnell erzählt: Im Jahre 1947 wurde ein erster Versuch unternommen, den Bunker zu sprengen. Das Vorhaben misslang jedoch, der Bau wurde nur beschädigt. Eine weitere Sprengung im Jahre 1959 scheiterte ebenfalls. In der ersten Hälfte der 70er Jahre wurde das Bauwerk von der Staatssicherheit der DDR noch einmal untersucht und dokumentiert. 1988 fand dann auf dem Areal im Zusammenhang mit der Errichtung von Plattenbauten eine Tiefenenttrümmerung statt. Danach verblieben nur noch die Bodenplatte und Teile der Seitenwände des Hauptbunkers. Diese Hinterlassenschaften befinden sich heutzutage unter einem staubigen Parkplatz an der Wilhelmstraße. Erst seit 2006 erinnert dort eine Gedenktafel an diesen düsteren Ort der deutschen Geschichte.

Anti-Kriegs-Museum
Brüsseler Straße 21, 13353 Berlin
Mo–So 16.00–20.00 Uhr
Tel. 45 49 01 10
www.anti-kriegs-museum.de

Bunker am Gesundbrunnen
Der Verein »Berliner Unterwelten« bietet Führungen u. a. durch unterirdische Bunker am Gesundbrunnen an. In einer der Anlagen befindet sich auch ein kleines Museum.
Tel. 49 91 05 17
www.berliner-unterwelten.de

Flughafen Tempelhof
Auf den angebotenen Führungen werden auch die unterirdischen Areale des Flughafens gezeigt. Bei der Anmeldung sollte man darauf hinweisen, dass man vor allem an diesen Bereichen interessiert ist.
Platz der Luftbrücke, 12101 Berlin
Tel. 60 91 16 60
www.flughafen-berlin-tempelhof.de

Orte des Schreckens

Zu bestimmten Zeiten können sich unterirdische Räume auch in Orte des Schreckens verwandeln – nämlich dann, wenn dort Menschen inhaftiert und gequält werden. Bereits in der Antike wurden missliebige Personen in Kerker oder Verliese gesperrt. Die Dunkelheit, Feuchtigkeit und Kälte solcher Stätten eignen sich geradezu ideal, um Gegner psychisch und physisch zu zermürben, um sie zu demütigen. Wer »da unten« schmachten muss, verfällt im Laufe der Zeit, er hat im wahrsten Sinnes des Wortes den tiefsten Punkt erreicht, jenen Ort, wo sich nur Ungeziefer und Ratten aufhalten, wo es kein Tageslicht mehr gibt. Seit dem Zeitalter der Aufklärung verabschiedete sich diese Praxis langsam aus Europa – und kehrte dann im 20. Jahrhundert wieder zurück.

Der Nationalsozialismus und der Kommunismus hauchten den Kerkern dann neues Leben ein. Bei den Nazis waren es vor allem die Folterkeller der »wilden KZs«, in denen sich 1933 entsetzliche Ereignisse abspielten. Hier handelte es sich um eine erste Phase des ungezügelten Terrors »vor Ort«, in der Regel das Werk der SA, der nach relativ kurzer Zeit von institutionalisierter Gewalt abgelöst werden sollte. Nach 1945 wiederum richteten die Sowjets in den so genannten »GPU-Kellern« Untersuchungsgefängnisse ein, die im stalinistischen Herrschaftssystem ihren festen Platz hatten. Die Zustände dort waren zwar keinesfalls so schrecklich wie in den NS-Folterkellern, zeichneten sich aber ebenfalls durch große Inhumanität aus. Diese Haftstätten existierten mehrere Jahre lang, einige wurden dann von der DDR-Staatssicherheit übernommen. Erst innerhalb der letzten Jahre ist die Öffentlichkeit überhaupt auf die Existenz dieser Anlagen aufmerksam geworden. Eine umfassende historische Aufarbeitung des Themas steht aber noch aus. In beiden Fällen wird die Dokumentation der Ereignisse durch eine problematische Quellenlage erschwert.

Im Jahre 1933 ergriffen die Nationalsozialisten in Deutschland die Macht. Der demokratische Rechtsstaat, der seit Ende der 20er Jahre immer stärker ins Wanken geraten war, kollabierte nun endgültig. Innerhalb kürzester Zeit riss die nationalsozialistische Bewegung alle Funktionen des Staates an sich, meistens nur gegen geringen oder gar keinen Widerstand. Ihre Gegner wurden im wahrsten Sinne des Wortes überrollt und wussten kaum, wie ihnen geschah. Eine Welle brachialer Gewalt schwappte über sie hinweg. Die Mitglieder der KPD, der SPD, des Reichsbanners und der Gewerkschaften wurden verhaftet, gefoltert oder getötet und konnten sich dem Zugriff der Nazis oft nur durch eine schnelle Flucht ins Ausland entziehen. Ebenso ging es zahlreichen anderen Menschen, die von den Nazis als Gegner betrachtet wurden. Ein großer Teil dieser Personen wurde in »wilde Konzentrationslager« verschleppt, in denen sie festgehalten und misshandelt wurden. Das konnten zum Beispiel Lagerhallen oder Maschinenräume sein – und häufig waren es eben Keller.

Was genau zu welcher Zeit an welchen Orten geschah, lässt sich heutzutage nur noch bruchstückhaft rekonstruieren. Während der spätere, bürokratisch durchorganisierte Terror der Nazis oft akribisch dokumentiert wurde, hinterließen die gewalttätigen SA-Männer 1933 so gut wie keine Aufzeichnungen. Ihre Opfer wiederum litten nach der Tortur in den Kellern an permanenter Angst. Sie standen oft unter Beobachtung und mussten immer damit rechnen, wieder verhaftet zu werden. Dass sie unter diesen Umständen ihre Erlebnisse meistens nicht aufschrieben, ist nachvollziehbar. Solche Aufzeichnungen hätten sie schließlich in große Gefahr bringen können. Nur diejenigen, die es geschafft hatten, ins Ausland zu entkommen, konnten dort ihre Erfahrungen auf Papier bannen.

Nach 1945 wiederum wollte kaum jemand »diese alten Geschichten« hören. In der Bundesrepublik wurde die NS-Vergangenheit bis weit in die 60er Jahre hinein größtenteils verdrängt. In der DDR war man hauptsächlich an strammen »antifaschistischen Widerstandskämpfern« interessiert – und nicht an Opfern, die in Kellern malträtiert wurden. Und die Verantwortlichen hatten genügend Gründe, über ihre Untaten zu schweigen. Erst die Geschichtsschreibung »von unten« hat in der Bundesrepublik seit den 80er Jahren den örtlichen NS-Terror und das Schicksal seiner Opfer dokumentiert. Dafür wurden auch die noch lebenden Zeitzeugen, die fast die einzigen Quellen darstellen, befragt. Von großem Wert ist dabei die umfangreiche Schriftenreihe der Gedenkstätte Deutscher Widerstand, die den Kampf gegen die Nazis in den einzelnen Berliner Bezirken thematisiert.

Die Anzahl der in Berlin als Folterstätten verwendeten Keller lässt sich auf mindestens 20 beziffern. Besonders berüchtigt waren das Maikowski-Haus in Charlottenburg, das Ulap-Gelände im Bezirk Tiergarten, der »Glaskasten« in der Weddinger Prinzenallee, das vorherige Anti-Kriegs-Museum in der Parochialstraße im Bezirk Mitte und vor allem die Kaserne in der Tempelhofer General-Pape-Straße. Die meisten Berichte der Überlebenden beziehen sich auf das Jahr 1933, vor allem den Zeitraum von März bis Mai, als der SA-Terror seinen Höhepunkt erreichte. Ein großer Teil der Folterkeller befand sich auch in Gebäuden, die von der SA genutzt wurden (wie zum Beispiel die »Sturmlokale« der Organisation).

Für den folgenden Zeitabschnitt tauchen Berichte von Misshandlungen in derartigen Kellern nur noch vereinzelt auf. Dafür gibt es verschiedene Gründe: Das neue Regime hatte es innerhalb weniger Monate geschafft, jegliche politische Opposition zu zerschlagen – die nackte Gewalt hatte ihr Ziel erreicht. Nun war Mäßigung angesagt, schließlich sollte das bürgerliche Lager nicht zu sehr verschreckt werden. Die Repression wurde nun in »geordnete Bahnen« geleitet, indem man sie institutionalisierte und systematisierte. Dabei sollte ihr die mittlerweile von den Nazis kontrollierte Justiz einen Anschein von Legalität verleihen. Seit Mitte der 30er Jahre wurden dann die ersten Konzentrationslager errichtet, die dem NS-Terror eine neue Dimension verliehen.

Wie viele Menschen 1933 in die Folterkeller der Nazis gesperrt wurden, wird aus den erwähnten Gründen nie genau bekannt sein. Somit kann auch die Anzahl der dort Getöteten nicht ermittelt werden. Bei den Inhaftierten handelte es sich in der Regel um Kommunisten, Sozialdemokraten, Gewerkschafter, Arbeitersportler, Juden, Liberale und andere Menschen, die von den Nazis als Gegner angesehen wurden. In der Regel wurden sie von der SA verhaftet, mehrere Tage lang in die Keller eingesperrt und immer wieder verhört. Dabei wurden sie meistens krankenhausreif geschlagen – viele trugen bleibende körperliche Schäden davon. Manche starben auch. In mehreren Fällen konnten die in der Umgebung wohnenden Menschen die Schreie der Inhaftierten hören. Nach dem Martyrium in den Kellern wurden die Gefangenen der Polizei oder der Gestapo übergeben oder freigelassen. Zum Teil landeten sie auch in Krankenhäusern.

Heutzutage gehören die ehemaligen Folterkeller zu den vergessenen Orten deut-

Gedenktafel für die Opfer des Folterkellers in der Papestraße

scher Geschichte. Eine Ausnahme stellt das *Gefängnis in der General-Pape-Straße* dar, das durch langjährige Recherchen der Historiker Sylvia Walleczek, Angelika Buttkau, Rolf Scholz, Matthias Heisig und anderer dokumentiert wurde. Ihre Arbeit hat es ermöglicht, ein Bild dieser berüchtigten Folterstätte der »Feldpolizei« der SA zu erstellen: Insgesamt wurden von März bis Dezember 1933 mindestens 2000 Menschen in das Gefängnis gesperrt. Ihre Aufenthaltsdauer schwankte zwischen ein paar Stunden und mehreren Wochen. Fast alle wurden mehrfach verhört und dabei körperlich schwer misshandelt. In den Berichten der Inhaftierten wird immer wieder von Schlägen mit Gummiknüppeln und Peitschen berichtet. Vielen wurden Hakenkreuze in die Haare geschnitten, was oft mit schweren Verletzungen der Kopfhaut verbunden war. Frauen wurden ebenfalls bei den Verhören zusammengeschlagen und mitunter vergewaltigt. Etwa 20 bis 40 Personen starben in dem Gefängnis.

Von großer Bedeutung für die Erforschung des Ortes war der Zeitzeuge Paul Tollmann, der im Alter von 17 Jahren in dem Keller inhaftiert wurde. Er hatte für die KPD Unterlagen sowie andere Materialien aufbewahrt und wurde offenbar von einem alten politischen Feind seines Vaters verraten. Während der fünf Tage, die er in dem Keller verbrachte, sah er zwei Menschen dort sterben. Zu jener Zeit befanden sich etwa 35 Personen in dem Verlies. Tollmann berichtet, dass die bei den Verhören anwesenden SA-Leute sich durch besondere Brutalität auszeichneten, während die zur Wache eingeteilten Männer etwas zurückhaltender waren. Zwei dieser Personen ermöglichten ihm auch die Flucht. Sie hatten offenbar Mitleid mit dem blutjungen zerschundenen Tollmann. Nach 1945 machte er dann dieselben Erfahrungen wie viele andere Opfer des Nationalsozialismus: Niemand wollte von seinen Erlebnissen hören, niemand wollte von dem Terror der Nazis gewusst haben.

Bis 2008 soll in dem ehemaligen Folterkeller an der General-Pape-Straße ein mit EU-Geldern finanzierter Gedenkraum entstehen. So findet dieser Raum, wenn auch mit großer Verspätung, seinen Ort im historischen Gedächtnis der Stadt. Darüber hinaus gibt es die ehemaligen Kellerzellen der Ausstellung *»Topographie des Terrors«*, die vielen Menschen bereits bekannt ist. Auf dem Gelände befanden sich einst die Zentralen der Gestapo, der SS, des Sicherheitsdienstes und des Reichssicherheitshauptamtes. Bei den dort freigelegten Räumen handelt es sich jedoch nicht – wie oft behauptet wird – um Folterzellen, sondern lediglich um Haftzellen. Die Misshandlungen fanden in anderen Bereichen des Areals statt.

Paul Tollmann war in dem Folterkeller Papestraße inhaftiert

Überleben im Untergrund

Im Januar 1942 fand die Wannsee-Konferenz statt, auf der die Maßnahmen zur Ermordung der Juden im deutschen Herrschaftsbereich koordiniert wurden. Die immer stärkere Diskriminierung und die Ausschreitungen, die es in Deutschland seit 1933 gegen die jüdische Bevölkerung gegeben hatte, sollten nun in der systematischen, mit bürokratischer Effizienz durchgeführten »Endlösung« gipfeln: dem industrialisierten Massenmord an mehreren Millionen Menschen. Die Deportation der Berliner Juden hatte bereits im Oktober 1941 eingesetzt. Diejenigen, die in »kriegswichtigen« Betrieben arbeiteten, blieben noch eine Zeit lang verschont. 1943 traf es aber auch sie. In ihrer Verzweiflung versuchten viele Juden, der Deportation zu entgehen, indem sie untertauchten. Viele von ihnen hatten zuvor einen Hinweis erhalten, dass sie für den nächsten Transport vorgesehen waren. Wie viele Personen den Schritt in die Illegalität wagten, ist nicht genau bekannt. Es könnten 5000 bis 7000 gewesen sein. Auf eigene Faust hatten diese Menschen im Untergrund keine Chance. Sie waren auf die Hilfe couragierter Berliner angewiesen, die sie versteckten und versorgten. Da der Aufenthalt in normalen Wohnungen mit einem hohen Risiko verbunden war, verbargen sich viele so genannte »U-Boote« in Kellern oder anderen unterirdischen Räumen. Dort war die Gefahr einer Entdeckung geringer. Zugleich aber stellten die Lebensumstände an diesen feuchten, schmutzigen und dunklen Orten eine besondere Belastung dar.

Von den Juden, die im Keller der Herz-Jesu-Kirche Zuflucht fanden, wird im Kapitel »Grüfte, Gewölbe und Festungen« berichtet. Hier sollen einige andere Beispiele genannt werden: In einem Wohnhaus in der Charlottenburger Wieland straße 18 versteckte der Hausmeister Ernst Otto Jogmin eine größere Anzahl von Juden. Für diesen Zweck hatte er extra den Keller des Gebäudes ausgebaut und mit dem Keller des Nachbarhauses, für den er ebenfalls zuständig war, verbunden. Als »Unbesungener Held« wurde er dafür 1958 vom Berliner Senat geehrt. Das Ehepaar Elsa und Otto Hildebrandt hat in der heutigen Simon-Bolivar-Straße während des Krieges ganze 13 Juden in einem Keller versteckt. In gefährlichen Situationen konnten sie sich dort hinter Mehlsäcken verbergen. Von besonderer Bedeutung ist auch die Tätigkeit der schwedischen Kirchengemeinde Berlins, die in den unterirdischen Räumen ihres Gemeindehauses bis zu 50 Personen Zuflucht gewährte. Unter der Eingangshalle des jüdischen Friedhofes in Weißensee gab es ein weiteres Versteck. Zudem wurden in einem Keller unter der Blumenhalle des Friedhofes bis zum Kriegsende 500 Thorarollen heimlich aufbewahrt. Sie bildeten den Grundstock für die Ausstattung neuer Synagogen in der Nachkriegszeit.

Insgesamt haben etwa 1400 »U-Boote« in Berlin die nationalsozialistische Herrschaft überlebt. Durch die seelischen und körperlichen Strapazen, die das Leben im Untergrund charakterisierten, waren viele danach für den Rest ihres Lebens gezeichnet. Eine andere Gruppe von Menschen verbarg sich während des Krieges im unterirdischen Wasserspeicher des jüdischen Friedhofes an der Schönhauser Allee: Soldaten, die nicht mehr kämpfen wollten. Sie wurden aber entdeckt und erschossen. Einzelheiten sind nicht bekannt, manche Historiker bestreiten den Sachverhalt auch. Aber auf dem Friedhof erinnert eine Gedenktafel an sie.

Denkzeichen am ehemaligen GPU-Keller an der Prenzlauer Allee

Das Ende des Nationalsozialismus bedeutete nicht das Ende von Inhaftierung, Inhumanität und Mord. Von 1945 bis in die 50er Jahre hinein wurden mehrere hunderttausend Deutsche von der Besatzungsmacht verhaftet. Wer waren diese Personen? Zunächst einmal sollte es diejenigen treffen, die der Sowjetunion immenses Leid zugefügt hatten: Nach dem Verlust von über 25 Millionen Menschen, unzähligen Massakern und der Verwüstung riesiger Landstriche durch die Deutschen war die Suche nach den Verantwortlichen von vorrangiger Bedeutung für die Sowjets. Zugleich spielten aber auch zwei weitere Motive in die Verhaftungspolitik der Besatzer hinein: Zum einen ging es um die Sicherheit der sowjetischen Truppen. Man befürchtete nämlich, dass sich Partisanenverbände formieren und sie angreifen könnten. Schließlich hatten die Nazis bei Kriegsende versucht, so genannte »Werwolf«-Einheiten aufzustellen, die hauptsächlich aus männlichen Jugendlichen bestehen und den Kampf nach klassischer Guerilla-Taktik fortsetzen sollten. Von einzelnen, verstreuten Aktionen abgesehen, entsprach der Einsatz der »Werwölfe« aber nur den Wunschvorstellungen des untergehenden NS-Regimes. Trotzdem wurden viele junge Menschen von den Sowjets als vermeintliche Partisanen aufgegriffen. Außerdem brauchte die Sowjetunion eine große Anzahl von Arbeitskräften, um ihre zerstörten Gebiete wiederaufzubauen. Für diesen Zweck wurden Menschen oft wahllos verhaftet und deportiert.

Sehr schnell wurde die Politik der Sowjets auch durch ein weiteres Motiv geprägt: Für Stalin war klar, dass die von seinen Truppen eroberten Gebiete in Zukunft unter sowjetischer Kontrolle stehen würden. Das bedeutete den Aufbau eines entsprechenden Repressionsapparates für die Verfolgung realer, potentieller und eingebildeter Gegner. So entstand in Osteuropa flächendeckend ein Netz von Hauptquartieren, Dienststellen, Gefängnissen und

Lagern. Dazu gehörten auch die GPU-Keller, die nach einer alten Bezeichnung für den sowjetischen Geheimdienst benannt wurden. Sie dienten als Untersuchungsgefängnisse für politische Häftlinge. Allein in Berlin gab es etwa 60 Gefängnisse dieser Art, die teilweise schon im April 1945 eingerichtet wurden. Die im Westen Berlins angelegten GPU-Keller wurden nur kurze Zeit genutzt und vor dem Eintreffen der Westmächte geräumt. Die Keller in Ost-Berlin existierten oft mehrere Jahre lang, ein paar wurden Anfang der 50er Jahre dann von der neuen Staatssicherheit der DDR übernommen.

Im ehemaligen Haftkeller an der Prenzlauer Allee

Ursprünglich hatten die Sowjets natürlich bereits vorhandene Gefängnisse und sonstige geeignete Räume verwendet. Da diese aber bei weitem nicht ausreichten, wurden dann ganz einfach Gebäude beschlagnahmt und geräumt. Oft waren es Wohnhäuser oder Amtsgebäude. Während das Personal der Geheimdienste sich in den oberen Bereichen der Häuser einrichtete, wurden die Keller zu Gefängnissen umfunktioniert. Bekannt ist vor allem der ehemalige Haftkeller an der Prenzlauer Allee 63 im heutigen Haus 3 der Bezirksverwaltung, der zuerst von den Sowjets und dann bis 1956 von der Staatssicherheit verwendet wurde. Dieses Gefängnis war mit etwa 40 Zellen einer der größten Haftkeller in Berlin.

Wer wurde in diesen Räumen festgehalten? Im weiteren Sinne handelte es sich um alle politischen Gegner der Sowjets und um diejenigen, die als gefährlich angesehen wurden: Konservative, Liberale, Christen, Sozialdemokraten, aber auch Sozialisten, die von der stalinistischen Linie abwichen. Dabei ging es nicht nur um politisch aktive Menschen, sondern auch

Der ehemalige Haftkeller Prenzlauer Allee

um Personen, die eine »falsche« Bemerkung gemacht oder vielleicht nur einen Witz über Stalin gerissen hatten. Es war sehr einfach, in die Mühlen der sowjetischen Justiz zu geraten. Die Anzahl ehemaliger Nazis in den GPU-Kellern war offenbar relativ gering. Schließlich hatten sich viele Menschen mit NS-Verstrickungen bereits in die Westzonen abgesetzt. Sie wussten, dass vor allem die Amerikaner ihnen gegenüber nachlässiger agieren würden als die Sowjets. Außerdem wurden frühere Angehörige von NS-Organisationen, derer die Sowjets habhaft werden konnten, als Kriegsgefangene eingestuft und deportiert. Wie viele Menschen insgesamt die GPU-Keller durchliefen, ist nicht bekannt.

Dass gerade Keller für die Unterbringung der Häftlinge verwendet wurden, sollte nicht überraschen. In den Kellern gab es in der Regel kein Tageslicht. Falls Fenster vorhanden waren, wurden diese vermauert. Die Abwesenheit natürlichen Lichtes, das sprichwörtliche Die-Sonne-nicht-mehr-Sehen wirkte sich demoralisierend und desorientierend auf die Häftlinge aus. Auf diese Art und Weise wurden die Gefangenen auch symbolisch von der Außenwelt abgeschnitten. Die Tatsache, dass die Keller zudem in der Regel kalt und feucht waren, trug zur physischen und psychischen Auszehrung der Häftlinge bei. Auf der rein psychischen Ebene wird sicher auch das Gefühl, »ganz unten« zu sein, eine Bedeutung gehabt haben. Die Keller waren ein fester Bestandteil eines Haftregimes, dessen Ziel die körperliche und seelische Zersetzung der Häftlinge war. In einem totalitären System wie dem Stalinismus musste der Widerstand gegnerischer oder als feindlich angesehener Individuen auf allen Ebenen gebrochen werden. Es reichte nicht aus, Menschen einfach nur einzusperren, sie mussten zugleich auch demoralisiert und unterworfen werden.

Die für unterirdische Räume charakteristischen Faktoren wie Mangel an Tageslicht, Kälte und Feuchtigkeit wurden in

»U-Boot«: Stasi-Untersuchungsgefängnis Hohenschönhausen

Unterirdischer Zellentrakt einer ehemaligen Ost-Berliner Polizeiwache

ihrer Wirkung noch durch andere negative Umstände verstärkt. Während die Häftlinge zuerst einfach nur in irgendwelche Keller gestopft wurden, gab es später – nach entsprechenden Umbauten der Räume – eine Systematisierung und Individualisierung des Haftregimes, das nun nach festgesetzten Regeln und Mechanismen ablief. Normalerweise sahen die Bedingungen folgendermaßen aus: Die Räume und die rudimentären Schlafgelegenheiten waren äußerst schmutzig. Die Häftlinge konnten sich nur selten oder gar nicht waschen und kamen über Wochen oder gar Monate hinweg nicht an die frische Luft. Die Zellen verließen sie nur dann, wenn sie zu Verhören geführt wurden oder die als Toiletten verwendeten Kübel entleeren mussten. Ihre Mitgefangenen sahen sie nicht, konnten nur ihre Schritte oder Schreie hören. Ungeziefer und vor allem die mangelhafte Ernährung stellten weitere Belastungsfaktoren dar. In den Zellen brannte meistens ununterbrochen Licht, was zu entsprechenden Schlaf- und Orientierungsstörungen führte. Die Gefangenen konnten sich auch nicht einfach auf ihre Pritsche legen, sondern mussten tagsüber die ganze Zeit auf ihr sitzen. In den Zellen gab es keine Bücher oder sonstige Möglichkeiten, sich die Zeit zu vertreiben. Darüber hinaus konnten aufsässige Gefangene auch in extrem enge Stehzellen gesperrt werden, die manchmal teilweise unter Wasser standen. Die Verhöre, denen man die Gefangenen immer wieder aussetzte, fanden oft nachts statt – eine weitere Methode zur Zermürbung der Häftlinge. Die Inhaftierten konnten keinen Besuch empfangen und sahen keine Rechtsanwälte. Hinzu kam die bohrende Frage, wie lange sie noch in den Kellern bleiben müssten (bei den Verhören wurde den Gefangenen unter anderem auch angedroht, sie würden ihre Zellen nie wieder verlassen). De facto konnte die Haftdauer mehrere Monate betragen. Danach kamen die meisten Häftlinge entweder in Lager oder Gefängnisse, wo sie unter miserablen Bedingungen oft langjährige Haftstrafen verbüßen mussten.

Während der sowjetische Geheimdienst vor allem auf Schläge und Tritte setzte, bediente sich die Staatssicherheit einer Vielzahl psychologisch ausgefeilter Mittel, um Geständnisse zu produzieren. Hans-Eberhard Zahn, der 1953 nach seiner Verhaftung im Haftkeller an der Prenzlauer Allee solche Methoden am eigenen Leibe erlebte, hat diese Praxis ausführlich in seiner Schrift »Haftbedingungen und Geständnisproduktion in den Untersuchungs-Haftanstalten des MfS« beschrieben. Die Vorgehensweise der Stasi sollte die Gefangenen vor allem geistig brechen. Sie war eine subtilere, aber nicht minder effektive Form der Misshandlung. Gleichzeitig standen die alten »physischen« Druckmittel immer noch als Reserve bereit. So war zum Beispiel das »U-Boot«, der unterirdische Bereich der *Stasi-Haftanstalt in Hohenschönhausen*, bekannt für seine unmenschlichen Zustände. Hier hatten zuerst die Sowjets und seit 1951 dann die Stasi ihre zentralen Untersuchungsgefängnisse. Das »U-Boot« wurde bis Anfang der 60er Jahre für die Inhaftierung von Gefangenen verwendet, und die Zustände dort glichen – wenn auch in etwas milderer Form – denen der GPU-Keller: kleine, schlecht belüftete Zellen, unzulängliche Verpflegung, endlose, sich ständig wiederholende Verhöre, zahlreiche Schikanen und kein Kontakt zu anderen Gefangenen.

Zu einer Kontroverse hat vor kurzer Zeit der Nachbau einer Wasserfolterzelle im ehemaligen »U-Boot« geführt. Es ist hinreichend belegt, dass Gefangene dort während der späten 40er Jahre in Zellen gesperrt wurden, in denen Wasser mehrere Zentimeter hoch stand. Aber nur zwei ehemalige Gefangene berichten von Geräten, mit denen Häftlinge durch permanent auf den Kopf tropfendes Wasser gequält wurden. Auf die Aussage dieser Personen hin wurden entsprechende Apparaturen in den 90er Jahren nachgebaut. Da diese Praxis aber nicht durch weitere Quellen belegt werden kann, hat der Nachbau zu Diskussionen geführt. Es wurde die Befürchtung geäußert, dass Gegner der Gedenkstätte diesen Sachverhalt nutzen könnten, um sie als »Gruselkabinett« zu diffamieren.

Im Oktober 1989 sollte das Stichwort »Haftkeller« noch einmal in der Geschichte der DDR auftauchen. Damals wurden viele Bürgerrechtler, die die Polizei im Umfeld der Berliner Gethsemanekirche verhaftet hatte, in den Kellern des Rummelsburger Gefängnisses misshandelt: Man sperrte sie dort in winzige, kaum belüftete Zellen ein. Weitere Übergriffe hat es damals in den Kellerzellen der Wache an der Schönhauser Allee und im Heizungskeller des Polizeireviers Immanuelkirchstraße gegeben. Demonstranten, die gegen die Haftumstände protestierten, wurden dort in mehreren Fällen verprügelt.

Seit 1989 sind bestimmte Aspekte der Repression in der Sowjetisch Besetzten Zone (SBZ) und der DDR umfassend dokumentiert worden. Dies betrifft zum Beispiel die Berliner Mauer oder die Staatssicherheit, aber auch die sowjetischen »Speziallager«. Andere Bereiche wurden wiederum nur lückenhaft erforscht – so auch die GPU-Keller. Zwar ist die Quellenlage hier nicht ganz so problematisch wie bei den NS-Folterkellern, trotzdem gibt es große Defizite: Die Ereignisse der späten 40er Jahre liegen mittlerweile weit zurück, es gibt nur noch wenige Zeitzeugen. Und da ihnen unmittelbar nach der Verhaftung meistens die Augen verbunden oder Textilien über den Kopf gezogen wurden, wussten sie oft noch nicht einmal, wohin man sie überhaupt gebracht hatte.

Auch die Aktenlage gestaltet sich schwierig, da die Bestände des ehemaligen sowjetischen Geheimdienstes in Russland liegen. Zudem haben die Ereignisse in den GPU-Kellern nur wenige sichtbare Spuren hinterlassen. Die Räume wurden später oft wieder als normale Keller verwendet und entsprechend umgebaut. Es ist dem nachhaltigen Engagement von Historikern wie Peter Erler, Ekkehard Schultz und Reinhard Fuhrmann zu verdanken, dass dieses Thema seit 2005 wieder in den Blickpunkt der Öffentlichkeit geraten ist. Erler und Schultz haben mit ihrer Schrift »GPU-Keller« eine erste Publikation über dieses Thema vorgelegt. Dieser Text enthält auch ein Verzeichnis der bisher erfassten Berliner Haftstätten.

Von besonderer Bedeutung war auch die Bürgerinitiative, die erreichte, dass der GPU-Keller an der Prenzlauer Allee mit einem Gedenkzeichen der Künstlerin Karla Sachse und einer erläuternden Dokumentation versehen wurde. Das Zeichen trägt den Titel »fragen!« und besteht aus einem 320 Meter langen Band aus schwarzem Acrylglas, das sich um das Gebäude zieht. In weißer Schrift stehen dort 61 Fragen, die sich mit den Haftumständen und dem seelischen Zustand der Gefangenen beschäftigen, Fragen wie »wann endete das Grübeln?«, »wann weinten die Männer?« oder »wie kalt war die Wand?«. Bei der Einweihung des Gedenkzeichens im Jahre 2005 kam es zu Protesten, als eine Gruppe von Demonstranten Transparente entrollte, auf denen Losungen wie »Kennen Nazis fremdes Leid?«, »Wird so Vergangenheit aufgehellt?« und »Ehrendes Gedenken für Nazis?« standen. Mit diesen Parolen suggerierten die Demonstranten, dass die in dem Keller eingesperrten Menschen Nazis gewesen wären und kein Gedenken verdient hätten. Als Tatsache ist jedoch festzuhalten, dass die Besatzer Nazis und sonstige Kriegsverbrecher größtenteils in die Sowjetunion deportiert hatten, in den Haftkellern saßen vorrangig (vermeintliche) politische Gegner des neuen Regimes.

Letzten Endes geht es bei dieser Debatte nicht um »Kommunistenfresserei« oder um eine Relativierung von NS-Verbrechen, sondern um die historische Aufarbeitung der zweiten deutschen Diktatur des 20. Jahrhunderts. Es ist allgemein bekannt, dass die gesellschaftliche Bewältigung des Dritten Reiches in beiden deutschen Staaten große Defizite aufwies. Schuld wurde verdrängt und verleugnet, im Westen waren die Täter oft schnell wieder in Amt und Ehre, während ihre Opfer viele Jahre lang um Anerkennung und lächerliche Entschädigungssummen kämpfen mussten. Sollen diese Fehler jetzt wiederholt werden?

Eine Aufarbeitung der Geschichte der GPU-Keller ist also notwendig. Zugleich darf man aber nie die historische Kausalität aus den Augen verlieren: Es ist eine Wahrheit, dass die Sowjets Osteuropa nach 1945 mit einem menschenverachtenden System überzogen, zu dem auch die GPU-Keller gehörten. Und es ist eine andere Wahrheit, dass die Nazis, die von einem großen Teil des deutschen Volkes begeistert unterstützt wurden, diesem System den Weg nach Europa bahnten. Die Geschichte der Berliner GPU-Keller fängt somit nicht 1945 an. Sie beginnt 1933.

Gedenkstätte Hohenschönhausen
Die Gedenkstätte kann nur im Rahmen von Führungen besichtigt werden. Deswegen ist es sinnvoll, vorher anzurufen. Gruppen ab acht Personen bitte anmelden.
Genslerstraße 66, 13055 Berlin
Öffentliche Rundgänge: Mo–Fr 11.00, 13.00 Uhr; Di–Do 11.00, 13.00, 15.00 Uhr; Sa, So stündlich von 10.00–16.00 Uhr
Tel. 98 60 82 30 / 98 60 82 32
www.stiftung-hsh.de

SA-Gefängnis General-Pape-Straße
Der Bildungsträger »Arbeit und Leben« veranstaltet in Zusammenarbeit mit dem Zentrum für Antisemitismusforschung und der VHS Tempelhof-Schöneberg einmal jährlich eine Führung durch die Kellerräume.
Tel. 21 00 06 60
www.arbeitundleben.de/berlin

Topographie des Terrors
Niederkirchnerstraße 8, 10963 Berlin
Mai–Sept: Mo–So 10.00–20.00 Uhr;
Okt–Apr: Mo–So: 10.00 Uhr bis Einbruch der Dunkelheit (spätestens 18.00 Uhr)
Tel. 25 48 67 03
www.topographie.de

Zivilschutz: Illusion der Sicherheit

Im Mai 1945 kapitulierte Deutschland bedingungslos. Nach zwölf Jahren Nazi-Herrschaft war die deutsche Hauptstadt, wie Bertolt Brecht es formulierte, ein »Schutthaufen bei Potsdam«. Die Berliner krochen aus den Hauskellern und Luftschutzbunkern hervor, in denen sie sich während der Straßenkämpfe aufgehalten hatten. Die Angst vor den Ausschreitungen sowjetischer Soldaten und die bange Frage, wie es nun weitergehen würde, vermischten sich mit der Gewissheit, dass zumindest der Krieg vorbei war.

Der neue Frieden sollte aber nicht lange währen. Das Miteinander der Alliierten verwandelte sich schnell in ein Gegeneinander. Die alten ideologischen Gegensätze und Rivalitäten, die man während des Krieges unter den Teppich gekehrt hatte, tauchten jetzt wieder auf: Kapitalismus gegen Kommunismus, Marktwirtschaft gegen Planwirtschaft, Demokratie gegen Einparteienherrschaft. Erste Konflikte zwischen den Alliierten zeigten sich bereits 1945. Und im März 1946 sprach Winston Churchill in einer berühmten Rede schon von einem »Eisernen Vorhang« in Europa. Entlang dieser Trennungslinie zwischen West- und Osteuropa standen sich die Truppen der Westmächte und der Sowjets gegenüber. Die Spannungen verschärften sich von Monat zu Monat.

Die Gefahr eines Krieges erhielt durch die neuen Nuklearwaffen zusätzliche Brisanz. Die Atombombenabwürfe auf Hiroschima und Nagasaki hatten zusammen genommen etwa 140 000 Japanern innerhalb kürzester Zeit das Leben gekostet. Hinzu kamen zahllose Menschen, die in den folgenden Jahrzehnten an Spätfolgen starben: Alleine in Hiroschima sind bis 2005 insgesamt etwa 250 000 Personen der Atombombe zum Opfer gefallen. Diese Massenvernichtungswaffe stellte jedes andere Mittel der Kriegsführung in den Schatten. Und die Sowjets schafften es unerwartet schnell, das nukleare Monopol der USA zu brechen: 1949 zündeten sie bereits ihre erste eigene Kernwaffe.

Die kaum vorstellbare Zerstörungskraft der Atombombe wurde 1952 durch eine neue amerikanische Erfindung in den Schatten gestellt – die »thermonukleare« Wasserstoffbombe, deren Wirkung die der Atombombe etwa um das Hundertfache übertraf. Auch auf dieser Ebene hatten die Sowjets die USA schnell eingeholt. Mitte der 50er Jahre hatten sie ebenfalls eine Wasserstoffbombe entwickelt. Die neue Waffe ließ sich übrigens noch weiter potenzieren: Der größte Sprengkörper dieser Art, der je bei einem Test gezündet wurde, hatte eine Zerstörungskraft von 5000 Hiroschima-Bomben. Die Menschheit war nun zum ersten Mal in der Lage, sich selbst zu vernichten.

In vielen Ländern wurden seit den 50er Jahren Zivilschutz-Programme ausgearbeitet, die die Bevölkerung auf einen möglichen Atomkrieg vorbereiten sollten. Diese Initiativen zeichneten sich durch eine grotesk anmutende Naivität aus: Übungen, Schautafeln, Broschüren, Handbücher, Dokumentar- und sogar Zeichentrickfilme vermittelten die Botschaft, dass die Folgen eines Atomkrieges zwar schwerwiegend, aber nicht unbedingt verheerend wären. Durch gut ausgerüstete Schutzbauten und diszipliniertes Verhalten könne man auch diese Bedrohung überstehen! Hier vermischten sich gezielte Desinformation, Unkenntnis über die Auswirkungen eines

West-Berliner Zivilschutzanlage

Atomkrieges und die Tatsache, dass die nuklearen Arsenale anfangs noch relativ klein waren. Zudem erlaubten die langsamen, propellergetriebenen Atombomber der ersten Generation noch längere Vorwarnzeiten.

Zum Zivilschutz gehörten auch der Bau neuer Luftschutzanlagen und die Instandsetzung alter Bunker aus dem Zweiten Weltkrieg. Dabei mussten diese Anlagen nun aber ganz anders konzipiert und ausgerüstet werden: Während des Krieges verbrachten die Menschen selten mehr als vier Stunden in den Bunkern. Danach konnten sie die Straßen wieder betreten (falls es nicht gerade in der Umgebung brannte). Bei den Atombunkern war jedoch eine Aufenthaltsdauer von 14 Tagen vorgesehen. Denn erst nach diesem Zeitraum, so die Planung, wäre die radioaktive Strahlung auf einen »akzeptablen« Wert gesunken. Hinter dieser Annahme verbirgt sich allerdings eine grobe Fehleinschätzung der zu erwartenden radioaktiven Verseuchung im Falle eines Atomkrieges. Jedenfalls mussten in den neuen Anlagen größere Mengen an Nahrungsmitteln, Trinkwasser und medizinischen Vorräten gelagert werden, außerdem Leichensäcke aus Plastik und größere Mengen Tranquilizer. Die Verantwortlichen gingen davon aus, dass es in den Bunkern Aufruhr geben könnte und es dann notwendig wäre,

Zentrale eines Atombunkers

einen Teil der Insassen medikamentös zu beruhigen.

West-Berlin hatte einen besonderen Status, da im Falle eines dritten Weltkrieges nicht unmittelbar mit dem Einsatz von ABC-Waffen gegen die Stadt gerechnet wurde. Selbst der Einsatz kleiner Atomsprengköpfe hätte nämlich auch zu einer Verstrahlung Ost-Berlins geführt. Ebenso war der Einsatz biologischer Waffen, also gefährlicher Viren oder Bakterien, nicht denkbar. Man hätte höchstens kleinere Mengen von Giftgas punktuell gegen Ziele in West-Berlin einsetzen können, da die Wirkung chemischer Kampfstoffe zeitlich und räumlich begrenzt ist. Letzten Endes hätten die Truppen des Warschauer Paktes West-Berlin ohnehin innerhalb kürzester Zeit mit konventionellen Waffen erobern können. Die kleine Garnison der Westmächte hätte in diesem Fall keine Chance gehabt.

Eine andere Frage ist allerdings, ob die Stadt nach einer Eroberung durch osteuropäische Verbände nicht möglicherweise ein Ziel für einen atomaren Angriff der Nato hätte sein können – falls zum Beispiel der Warschauer Pakt dort größere Einheiten stationiert hätte. Von der militärischen Logik her hätte es sich die Nato jedenfalls nicht leisten können, dort eine Art Schutzraum für gegnerische Truppen entstehen zu lassen. Darüber hinaus wäre im Falle eines Atomkrieges mit einem Angriff auf Ost-Berlin zu rechnen gewesen. Aufgrund seiner wirtschaftlichen, industriellen und politischen Bedeutung hätte die Nato ein Ziel dieser Größe nicht verschonen können. Auf die dadurch für West-Berlin entstehenden »Kollateralschäden« hätte man wohl keine Rücksicht genommen. Außerdem hätte die Nato wahrscheinlich die westlich von West-Berlin gelegenen Raketenbasen des Gegners mit Nuklearwaffen angegriffen. Auch in diesem Falle wäre es zu einer Verstrahlung West-Berlins gekommen.

In den späten 80er Jahren verfügte West-Berlin lediglich über 16 Zivilschutzanlagen mit rund 26 000 Schutzplätzen – für zwei Millionen Einwohner. Das bedeutet also, dass lediglich etwas mehr als ein Prozent der Bevölkerung Schutz gefunden hätte. Zu den wichtigsten Schutzbauten gehörten damals folgende »Mehrzweckanlagen«: die Tiefgarage beim Excelsior-Gebäude, die Tiefgarage im Kudamm-Karree, der U-Bahnhof Pankstraße und der U-Bahnhof Siemensdamm, in denen insgesamt über 14 000 Menschen untergekommen wären.

Wer eine Zivilschutzanlage besichtigen möchte, kann sich vom Verein »Berliner Unterwelten« durch solche Bunker führen lassen. Darüber hinaus hat die Ausstellung »The Story of Berlin« die Anlage im Kudamm-Karree für Besucher geöffnet.

Drucktür eines Atombunkers

Ost-Berlin dagegen hätte, wie bereits geschildert, mit einem direkten atomaren Angriff rechnen müssen. Ein mit West-Berlin vergleichbares Zivilschutzprogramm gab es dort jedoch nicht: Nach der Wende wurden nach vorheriger Prüfung lediglich sieben Bunkeranlagen Ost-Berlins mit zusammen 2550 Plätzen in das »Inventar« der Stadt aufgenommen. Selbst wenn es politisch erwünscht gewesen wäre: Für umfangreiche Maßnahmen zum Schutz der Bevölkerung hatte die DDR kein Geld. Nur für die politische Elite, die Staatssicherheit und das Militär gab es in Ost-Berlin und um die Stadt herum eine größere Anzahl relativ gut ausgebauter Bunker.

Welchen Nutzen hätten Zivilschutzanlagen im Falle eines Krieges überhaupt gehabt? Wäre man dort wirklich sicher gewesen? Bei einer militärischen Auseinandersetzung mit konventionellen Waffen hätten sie einem winzigen Teil der Bevölkerung tatsächlich Schutz vor Granaten, kleineren Bomben, Splittern, Druckwellen, Feuer und auch Giftgas bieten können. Wobei es an den Eingängen der Anlagen aber zu erschütternden Szenen gekommen wäre: Zahllose Menschen hätten in wilder Panik versucht, in die Bunker zu gelangen. Bei einem Atomkrieg wäre die Situation noch extremer gewesen. Wegen der kurzen Vorwarnzeiten hätten nur die wenigsten Menschen die Zivilschutzanlagen rechtzeitig erreicht. Die mit etwa 5000 Stundenkilometern fliegenden Raketen und die kaum zu erfassenden Marschflugkörper hätten ihnen nämlich nur wenige Minuten oder gar keine Zeit mehr gelassen, sich in Sicherheit zu bringen. Zudem wussten die meisten Bürger noch nicht einmal, wo sich der nächste Schutzraum überhaupt befand.

Und wenn man es doch in den Bunker geschafft hätte? Die Widerstandsfähigkeit dieser Anlagen hängt von ihrer Bauweise (Struktur, Materialien, Stärke der Wände und Decken) sowie von der Wucht und Entfernung der Kernwaffenexplosion ab. Außerdem spielt es eine Rolle, ob die Waffe über der Stadt gezündet wird oder in den Boden einschlägt. Eine kleine Hiroschima-Bombe, die in einer Entfernung von einem Kilometer in der Luft explodiert, könnte ein unterirdischer Bunker wahrscheinlich überstehen, eine hundertfach stärkere Wasserstoffbombe aber nicht. Durch die in diesem Fall entstehende extreme Hitze hätten die Insassen der Anlage kaum eine Chance: Sie würden ersticken, verglühen, verbrennen; die lebenswichtigen technischen Systeme des Bunkers würden schnell zusammenbrechen.

Falls die Insassen den »nuklearen Schlagabtausch« überlebt hätten – was dann? Sie hätten in einem verschlossenen, abgeschotteten Bauwerk ausharren müssen, sich änstlich fragend, wie es an der Oberfläche aussähe. Vielleicht hätten sie über die Kommunikationssysteme der Anlage entsetzliche Informationen über die Zerstörung ihrer Stadt erhalten, vielleicht hätte es auch überhaupt keine Nachrichten mehr gegeben. Die Enge innerhalb der Anlagen und der gegen Giftgas künstlich erzeugte Überdruck hätten ihnen weitere Belastungen auferlegt. Das Personal, dass die Berliner Zivilschutzanlagen wartet und gelegentlich Übungen in den Bunkern durchführt, berichtet, dass der Aufenthalt dort bereits nach einem Tag äußerst unangenehm wäre und man »nur noch raus« wolle.

Was geschieht aber, wenn man sich zwei ganze Wochen lang dort aufhalten muss? Die Planung sah vor, dass jeweils ein Drittel der Insassen gesessen, gelegen oder gearbeitet hätte. Arbeit bedeutete in diesem Fall – sozusagen als Beschäftigungstherapie – der Handbetrieb der technischen Anlagen. Hätten die Menschen das mitgemacht? Hätte es nicht früher oder später Tumulte, Schlägereien oder gar Aufstände gegeben? Ein anderes potentielles Problem wäre die Rekrutierung des Personals gewesen. Für die Bunker hatte man jeweils nur ein paar Menschen als Besat-

Luftschacht der Zivilschutzanlage Siemensdamm

zung ausgebildet. Das restliche Personal sollte sich aus den Reihen der Insassen zusammensetzen: Ärzte hätten sich um die Verwundeten gekümmert, Polizisten für Ruhe und Ordnung gesorgt und so weiter. Ob diese Rechnung wirklich aufgegangen wäre? Vom medizinischen Standpunkt aus hätte es übrigens noch ein ganz anderes Problem geben können: Die Ansammlung so vieler Menschen auf so engem Raum wäre ein idealer Nährboden für die Ausbreitung von Seuchen gewesen.

Nach spätestens zwei Wochen hätten die Insassen den Schutzraum verlassen und eine verwüstete, verstrahlte Umwelt betreten müssen. Der Zusammenbruch der Infrastruktur, der medizinischen Versorgung und der öffentlichen Ordnung wäre nach einem Atomkrieg vorprogrammiert gewesen. Zwei Spielfilme aus den 80er

In der U-Bahnstation Jungfernheide werden regelmäßig Katastrophenfälle simuliert

Jahren stellen anschaulich das Grauen dar, das die Menschheit nach einem Atomkrieg erwartet hätte: die amerikanische Produktion »The Day After« und ihr sowjetisches Gegenstück »Briefe eines Toten«. Beide Werke vermitteln unmissverständlich die Botschaft, dass ein nuklearer Konflikt das Ende der menschlichen Zivilisation bedeutet hätte.

Als Fazit bleibt die Erkenntnis, dass die Zivilschutzprogramme aller Länder, auch das oft gelobte Schweizer Programm, nur eine Farce waren, in Beton gegossene Beruhigungspillen. Sie sollten der Bevölkerung die Illusion vermitteln, dass es möglich wäre, einen Atomkrieg zu überleben – obwohl gleichzeitig unter dem Motto »Der Frieden ist der Ernstfall« behauptet wurde, dass die Strategie der nuklearen Abschreckung den Krieg verhindern würde.

Seit dem Ende des Kalten Krieges sah es so aus, als ob man die Zivilschutzanlagen vorläufig nicht mehr bräuchte. Die in den Bunkern gelagerten Vorräte an Nahrungsmitteln und Medikamenten wurden nicht mehr erneuert. Auch die in West-Berlin für den Fall einer sowjetischen Blockade angelegte »Senatsreserve« wurde aufgelöst und das staatliche Förderprogramm für den Bau von Zivilschutzanlagen eingestellt. Seit dem 11. September 2001 scheinen die Bunker nun endgültig ausgedient zu haben. Mit dem Terrorismus des 21. Jahrhunderts sind nämlich neue Akteure auf die Bühne der Weltpolitik getreten und haben die alten Spielregeln auf den Kopf gestellt. Einst ließ sich die »große Bedrohung« des Westens räumlich, politisch und militärisch noch genau verorten. Sie lag östlich des Eisernen Vorhanges, bestand aus dem kommunistischen Machtblock und verfügte über riesige Streitkräfte mit einem bedeutenden nuklearen Arsenal. Die schlimmste denkbare Situation war ein Krieg, in dem es früher oder später zum Einsatz nuklearer Waffen kommen könnte. Dieses Szenario war klar umrissen und blieb über Jahrzehnte hinweg weitgehend konstant.

Heutzutage sieht das Bild ganz anders aus. Der potentielle Gegner ist kein hochgerüsteter Staat mehr, sondern der »neue Terrorismus«, kleine Grüppchen fanatischer Überzeugungstäter, die bereit sind, ihr Leben zu opfern. Als Waffen benutzen sie Rucksäcke voller Sprengstoff, Autobomben, Behälter mit Giftgas oder gar Viren und Bakterien. Vielleicht ist ihr Sprengstoff mit radioaktivem Material vermischt, vielleicht greifen sie im Internet an. Möglicherweise beschießen sie ein Kernkraftwerk. Oder sie versuchen, die Wasserversorgung zu vergiften. In diesem Zusammenhang spricht der bekannte Politologe Herfried Münkler von »asymmetrischen Kriegen«, die folgendermaßen definiert werden können: Kleine, dezentral organisierte Zellen kämpfen gegen die militärische Allmacht des Staates. Der moderne Terrorismus zielt nicht auf die physische Vernichtung eines bestimmten Gegners oder gar die Zerstörung einer Gesellschaft ab. Die Täter wissen, dass sie dazu nicht in der Lage sind. Stattdessen haben ihre Anschläge vor allem einen symbolischen, medienwirksamen Wert. Sie sollen die Gesellschaft erschüttern, schockieren und verunsichern. Gerade der 11. September 2001 war das beste Beispiel für diese Strategie: Der Mythos der Unbesiegbarkeit der USA wurde durch den Anschlag zerstört. Das stärkste Militär der Welt konnte diese Angriffe ebenso wenig verhindern wie die mächtigen Geheimdienste CIA und FBI. Damit wurde der islamischen Welt signalisiert: »Seht her, die USA sind verwundbar! Wir können sie schlagen!«

Unterirdische Schutzanlagen können vor dem neuen Terrorismus nicht schützen. Zudem hat sich die Infrastruktur im Untergrund der Stadt sogar zu einem bevorzugten Ziel der Terroristen entwickelt. Bereits 1995 gab es einen von der »Aum«-Sekte verübten Giftgas-Anschlag auf die Tokioter U-Bahn: 12 Menschen starben dabei, über 5000 mussten sich ärztlich behandeln lassen. Im selben Jahr kamen bei einer Bombenexplosion im Pariser Bahnhof Saint-Michel 7 Personen ums Leben, mehr als 100 wurden verletzt. Ein weiteres Attentat auf einen unterirdischen Bahnhof tötete 1996 in der französischen Hauptstadt 4 Menschen und verwundete über 90. Beide Anschläge gingen höchstwahrscheinlich auf das Konto islamischer Fundamentalisten. Im November 2002 verhaftete die britische Polizei drei Männer, die offenbar einen Giftgasangriff auf die Londoner U-Bahn geplant hatten. 2004 zündete eine Selbstmordattentäterin eine Bombe in der Moskauer U-Bahn. Und im Sommer 2005 folgten schließlich die entsetzlichen Anschläge auf drei U-Bahnen und einen Bus in London, denen insgesamt 56 Menschen zum Opfer fielen. Unterirdische Anlagen sind als Ziele für Terroristen besonders verlockend, da die Wirkung ihrer Waffen sich dort vervielfacht: Es gibt weniger Fluchtwege, Rauch und Druckwellen können nicht richtig entweichen, die bei Bränden entstehende Hitze staut sich, Giftgas verflüchtigt sich nur langsam, und die Menschen geraten viel schneller in Panik.

Der moderne Terrorismus kennt keine Vorwarnzeit, er schlägt überraschend aus dem Hinterhalt zu. Die Täter können in Ruhe entscheiden, wann, wo und wie sie angreifen werden. Wenn der Anschlag schließlich erfolgt, ist es für Gegenmaßnahmen fast schon zu spät. Die alten Zivilschutzanlagen kann man dann bestenfalls als Notlazarette verwenden. Eigentlich

Bunkerbetten in der Ausstellung »The Story of Berlin«

sind sie aber nur noch historische Relikte, Spuren des Kalten Krieges im Berliner Untergrund. Heutzutage ist angesichts der neuen Gefahrenlage eine flexible Reaktionsfähigkeit erforderlich: Nach einem terroristischen Anschlag muss zuerst ein rudimentäres Bild der Lage erstellt werden. Erste Rettungsmaßnahmen müssen schnell eingeleitet und koordiniert werden. Dabei ist wichtig, dass die Krankenhäuser ihre Bettenkapazität schnell ausbauen können und über genügend Blutkonserven verfügen. Auch größere Mengen des Serums gegen Pocken sollten vorhanden sein. Diese gefährlichen Viren, so die Experten, eignen sich nämlich sehr gut für terroristische Angriffe. Im Falle einer radioaktiven Verseuchung werden außerdem entsprechende Sensoren und schnell verfügbare Dekontaminationseinheiten benötigt. Darüber hinaus muss die Evakuierung vieler Verwundeter logistisch vorbereitet und erprobt werden. In Berlin übt man solche und andere Ernstfälle bereits auf einem speziell umgebauten, nicht befahrenen Gleis der U-Bahnstation Jungfernheide: Bombendrohungen, Schadstoffalarme, Wassereinbrüche, Feuer und Entgleisungen werden in dieser einzigartigen Anlage regelmäßig simuliert. Ein mit besonderer Technik versehener Zug ermöglicht es dabei zum Beispiel, Brandkatastrophen sehr realitätsnah zu simulieren.

Letzen Endes muss der Zivilschutz des 21. Jahrhunderts vor allem aus präventiven Maßnahmen bestehen. Terroristische Strukturen müssen so schnell wie möglich erkannt und zerschlagen werden. Gleichzeitig sind die Grundrechte und Freiheiten der demokratischen Gesellschaft dabei so weit wie möglich zu wahren – eine viel größere Herausforderung als der Bau unterirdischer Schutzräume.

Apropos Schutzräume: Die Berliner Zivilschutzanlagen werden übrigens noch instand gehalten ... Man weiß ja nie!

Zivilschutzanlagen
Der Verein »Berliner Unterwelten« bietet Führungen durch Zivilschutzanlagen in Wedding.
Tel. 49 91 05 17
www.berliner-unterwelten.de

CIA-Spionagetunnel
Im AlliiertenMuseum kann man einen Abschnitt des berühmten CIA-Spionagetunnels besichtigen, über den die Amerikaner und Briten in den 50er Jahren bei Rudow die Telefonleitungen der sowjetischen Armee anzapften. Diese Operation war eine technische Meisterleistung, hatte aber einen kleinen Haken: Die Sowjets wussten von Anfang an Bescheid, da der Doppelagent George Blake sie umfassend informiert hatte. Gruppen können sich im Museum auch einen Dokumentarfilm über den Tunnel zeigen lassen (vorsichtshalber vorher anmelden).
Clayallee 135, 14195 Berlin
Do–Di 10.00–18.00 Uhr
Tel. 81 81 990
www.alliiertenmuseum.de

Fluchttunnel
In den ersten Jahren nach dem Bau der Berliner Mauer wurden immer wieder Fluchttunnel in den Westen gegraben, viele davon im Bereich Bernauer Straße. Diese Aktionen waren mit einem hohen Risiko verbunden und scheiterten oft. Die Staatssicherheit der DDR unternahm große Anstrengungen, die Organisationen der Fluchthelfer zu unterwandern und auszuheben. Das Dokumentationszentrum Berliner Mauer informiert in seiner Ausstellung über dieses Kapitel deutscher Geschichte.
Bernauer Straße 111, 13355 Berlin
Apr–Okt: Di–So 10.00–18.00 Uhr;
Nov–März: Di–So: 10.00–17.00 Uhr
Tel. 464 10 30
www.berliner-mauer-dokumentationszentrum.de

Story of Berlin
Die Ausstellung »The Story of Berlin« bietet zu jeder vollen Stunde Führungen durch eine große Zivilschutzanlage.
Kurfürstendamm 207–208, 10719 Berlin
Mo–So 10.00–20.00 Uhr, letzter Einlass 18.00 Uhr
Tel. 887 20 100
www.story-of-berlin.de

Das neue Berlin

Seit Anfang der 70er Jahre hatte sich in beiden Teilen Berlins eine behäbige »Nachkriegsroutine« etabliert. Den Turbulenzen der vorherigen Jahrzehnte – vom Aufstand in Ost-Berlin 1953 über den Bau der Berliner Mauer bis hin zur West-Berliner Studentenbewegung – folgte nun eine lange Phase der relativen Ruhe. Man hatte die Grenzen ausgelotet und abgesteckt, man hatte sich mit den bestehenden Verhältnissen arrangiert. Im Schatten der Mauer war ein fast schon beschauliches deutsch-deutsches Nebeneinander entstanden. Auch in den Untergrund der Stadt war eine gewisse Normalität eingekehrt. Der vom Bund reichhaltig subventionierte West-Berliner Senat baute das U-Bahnnetz seiner Stadthälfte weiter aus. Dahinter steckte auch der Wunsch, auf die von Ost-Berlin aus betriebene S-Bahn verzichten zu können (1984 übernahm West-Berlin schließlich die maroden S-Bahnstrecken auf seinem Territorium). An die verschlossenen »Geisterbahnhöfe« der U- und S-Bahnlinien, die unter dem Ost-Berliner Stadtteil Mitte hindurchführten, hatte man sich mittlerweile auch gewöhnt. Nur die Touristen gruselten sich hier noch …

Mit dem Zusammenbruch des SED-Regimes und der Öffnung der Berliner Mauer änderten sich diese Verhältnisse 1989 schlagartig. 1990 folgte die Wiedervereinigung und 1991 die Entscheidung, dass Berlin erneut die deutsche Hauptstadt sein sollte. Für die Stadt bedeutete diese Entwicklung eine gewaltige Herausforderung: Das zerschnittene, verkümmerte Verkehrsnetz Berlins musste nicht nur wieder zusammengefügt, sondern auch startklar für das 21. Jahrhundert gemacht werden. Durch die Köpfe der Planer spukte dabei der Traum einer neuen »Megacity« Berlin, die, wie einst im 19. Jahrhundert, ein phänomenales Wachstum erleben sollte. Dementsprechend großzügig fiel auch die Planung für das neue Berlin aus: Im Stadtinnern sollten auf einer Nord-Süd-Achse zwischen dem Lehrter Bahnhof (heutiger Hauptbahnhof) und dem Gleisdreieck mehrere Großprojekte realisiert werden. Dieser Teil Berlins gehörte einst zu den Zentren der Stadt, wurde jedoch durch den Zweiten Weltkrieg und die Berliner Mauer schwer in Mitleidenschaft gezogen. Die große Brache dort war vielleicht das deutlichste Symbol der Zerstörung durch den Krieg und die anschließende Teilung der Stadt. Nun sollte die Großstadt wieder in diese Einöde zurückkehren. Mehrere große Bauvorhaben wurden dort umgesetzt.

Der im März 2006 eröffnete, etwa 2,4 Kilometer lange Tiergartentunnel der B 96 wird offiziell »Tunnel Tiergarten Spreebogen« (TTS) genannt. Die seit 1995 errichtete, 390 Millionen Euro teure Nord-Süd-Verbindung soll als neue zentrale Verkehrsader den innerstädtischen Autoverkehr erleichtern, ohne dabei den Tiergarten – die »grüne Lunge« Berlins – übermäßig zu belasten. Die entsprechende oberirdische Strecke entfällt dafür teilweise und wird renaturiert. Das nördliche Ende des Tunnels befindet sich an der Heidestraße (nahe der Invalidenstraße), das südliche am Reichpietschufer. Langfristig wird mit einem täglichen Verkehrsaufkommen von etwa 50 000 Autos gerechnet. Als vorbildlich gilt die Sicherheitstechnik, die Unfallkatastrophen verhindern soll: In der Doppelröhre befinden sich 112 Farbkameras für die Überwachung des Ver-

U-Bahntunnel der »Kanzler-Bahn«

kehrs, 41 Notrufmelder, 5 Notausstiege, 19 Fluchttüren und 430 Lautsprecher. Falls es im Tunnel Stau gibt, werden die Ampeln an den Einfahrten auf Rot geschaltet. Über eine »Tunnelleitzentrale« wird das Bauwerk permanent überwacht. Eigentlich sollte der TTS schon vor längerer Zeit eröffnet werden, der Rohbau war bereits im Jahre 2000 fertig. Bauliche Verzögerungen am neuen Hauptbahnhof und Probleme mit dem Computerprogramm für die Sicherheitstechnik führten aber zu erheblichen Verzögerungen.

Die Planer des Tiergartentunnels mussten heftige Kritik über sich ergehen lassen. So wird zum Beispiel an dem Bauwerk bemängelt, dass nur das Mittelstück zwei Spuren pro Fahrtrichtung hat: In den nördlichen und südlichen Bereichen, zusammen etwa ein Drittel der Länge, gibt es jeweils nur eine Spur. Zudem wird befürchtet, dass durch die hohen, sechs bis sieben Prozent betragenden Steigungen an den Ausfahrten Staus entstehen könnten. Auch die Tatsache, dass sich an fünf Stellen Ein- und Ausfahrten befinden, wird den Verkehr möglicherweise behindern. Verkehrsplaner monieren außerdem die fehlende Anbindung des Tunnels an die Stadtautobahn.

Besonders heftig wurde der Tunnel auch von den Berliner Grünen kritisiert: Der Tunnel würde verkehrspolitisch keinen Sinn ergeben und sich als stauträchtiger, unfallgefährdeter Engpass im Zentrum der Stadt erweisen. Außerdem würde der Tunnel trotz seiner aufwändigen Ausstattung über keine Abgasfilter verfügen und den Tiergarten somit ökologisch belasten. Für die Kosten des Tunnels hätte man außerdem 50 Kilometer neue Straßenbahnstrecken bauen oder das gesamte Berliner Straßennetz in einen guten Zustand bringen können. Zusätzlich wurden die hohen, jährlich etwa 750 000 Euro betragenden Kosten für den Unterhalt des Tunnels bemängelt. Ein weiterer Kritikpunkt war schließlich, dass an der Oberfläche nur der Straßenabschnitt zwischen dem Kemperplatz und der Straße des 17. Juni renaturiert wird. In einem Flugblatt bezeichnete die Partei den TTS als Deutschlands sinnlosesten Autotunnel.

Die so genannte »Kanzler-Bahn«, auch U55 genannt, hat mittlerweile den Status einer unendlichen Geschichte. Ursprünglich handelte es sich um eine vom Alexanderplatz Richtung Westen führende Verlängerung der U-Bahnlinie 5. Die 3900 Meter lange Route sollte eigentlich unter dem Boulevard Unter den Linden entlang verlaufen und ab dem Pariser Platz dann nördlich zum Bundestag (daher der Name »Kanzler-Bahn«) und weiter zum Hauptbahnhof führen. Von dort aus hätte die Strecke noch bis zum Flughafen Tegel verlängert werden können. 1997 begannen die entsprechenden Arbeiten, 2001 wurde der Bau aber wegen finanzieller Probleme eingestellt. Da der Bund, der das Projekt mit finanziert hatte, daraufhin mit Sanktionen drohte, musste der Senat die Arbeit wieder aufnehmen. Zunächst sollte für die Fußball-Weltmeisterschaft 2006 eine »Stummelbahn« mit drei Stationen zwischen dem Hauptbahnhof, dem Bundestag und dem Pariser Platz eröffnet werden. Unerwartet große Wassermengen, die in die Baustelle am Brandenburger Tor eindrangen, führten dann aber zu einer weiteren Verzögerung. Als WM-Option blieb somit nur ein Minimalverkehr auf der 600 Meter langen Strecke zwischen den Stationen Hauptbahnhof und Bundestag. Das wäre dann vielleicht die kürzeste U-Bahn der Welt gewesen. Aus nachvollziehbaren Gründen verwarfen die Berliner Verkehrsbetriebe (BVG) diese Idee aber. Der Bahnhof am Reichstag ist übrigens die teuerste U-Bahnstation Berlins – er hat 50 Millionen Euro gekostet! Ab 2008 soll der Ausbau Richtung Alexanderplatz erfolgen, und man fragt sich, wann die Geschichte der von bösen Zungen als »U 0,5« verspotteten Linie ihr Ende findet. Hatten die Grünen, die PDS und Teile der SPD vielleicht nicht doch Recht, als sie einst empfahlen, im betroffenen Bereich lieber mehr Straßenbahnen fahren zu lassen?

Der neue, im Mai 2006 eröffnete *Hauptbahnhof – Lehrter Bahnhof* ist die zentrale Drehscheibe des Berliner Bahnverkehrs. In dem größten und modernsten Kreuzungsbahnhof Europas halten jeden Tag 1100 Züge, und die Deutsche Bahn (DB) rechnet damit, dass täglich etwa 300 000 Menschen diesen Bahnhof betreten werden. Auf 15 000 Quadratmetern Verkaufsfläche können Reisende in 80 Geschäften einkaufen. Der Bahnhof besteht aus fünf Ebenen, die durch knapp 90 Aufzüge und Rolltreppen miteinander verbunden werden. Die in Nord-Süd-Richtung verlaufenden acht Gleise liegen dabei 15 Meter tief unter der Erde. Durch ein ausgeklügeltes System großer Öffnungen dringt Tageslicht bis in die tiefsten Bereiche. Für den Bau der unterirdischen Bahnhofshalle mussten Taucher auch unter Wasser betonieren. Insgesamt hat die Anlage etwa 700 Millionen Euro gekostet. Als Anschluss für die Nord-Süd-Verbindung der Deutschen Bahn wurde ein 3,5 Kilometer langer, durch den neuen Regionalbahnhof Potsdamer Platz zum Gleisdreieck führender viergleisiger Tunnel gebaut.

Der neue Superbahnhof ist, wie auch der Rest des DB-Konzeptes für Berlin, schnell in das Kreuzfeuer der Kritik geraten: Viel zu groß, viel zu teuer! Die Planung basierte auf den euphorischen Erwartungen der frühen Nachwendezeit, als man mit sechs Millionen zukünftigen Einwohnern rechnete. Diese Erwartungen waren, wie mittlerweile bekannt ist, viel zu optimistisch. Zudem besteht die Befürchtung, dass die Billigflieger, die für große Umbrüche im Reisegeschäft sorgen, der Bahn viele Kunden wegnehmen werden. Und die Konflikte zwischen der Deutschen Bahn und dem Architekten Meinhard von Gerkan, dessen ursprüngliche Planung für den neuen Hauptbahnhof abgeändert wurde, haben dem Projekt einen säuerlichen Beigeschmack verliehen. Vom verkehrspolitischen Standpunkt aus ist vor allem problematisch, dass der Hauptbahnhof zwar an den Ost-West-Verkehr der S-Bahn angeschlossen ist, eine entsprechende Nord-Süd-Verbindung jedoch fehlt (dafür muss man erst zum Bahnhof Friedrichstraße fahren). In diesem Zusammenhang kritisieren die Berliner Grünen grundsätzlich die mangelnde Anbindung des Hauptbahnhofes an den öffentlichen Personennahverkehr. Da der Bahnhof zusätzlich erst im Jahre 2009 an die Straßenbahn angeschlossen werden soll, bezeichnen sie ihn als »einsame Insel« mitten in der Stadt.

Um den Reichstag herum wurden für den *Bundestag* drei große neue Bauten errichtet: Im Paul-Löbe-Haus und im Jakob-Kaiser-Haus sind die Abgeordneten und die Verwaltung des Bundestages untergebracht, im Marie-Elisabeth-Lüders Haus auf der anderen Seite der Spree befindet sich die Bibliothek des Parlaments. Die Versorgung dieser Gebäude verläuft über ein unterirdisches Tunnelsystem, das aus Sicherheitsgründen nur eine einzige Zufahrt für Lastwagen nördlich des Marie-Elisabeth-Lüders-Hauses hat. Der unter der Spree verlaufende Abschnitt des Tunnels wird dabei durch eine große Metallplatte und eine Steinschicht geschützt. Damit soll verhindert werden, dass das Bauwerk zum Beispiel durch die Anker von

Im neuen Hauptbahnhof – Lehrter Bahnhof

Schiffen beschädigt wird. Außerdem ist das 500 Meter lange Erschließungssystem besonders gut gegen Brände, Explosionen und Wassereinbrüche gesichert. Spezielle Sicherheitsvorkehrungen sollen zudem verhindern, dass unbefugte Fahrzeuge in den Tunnel eindringen. Für Fußgänger gibt es noch ein eigenes Tunnelsystem, dass die Bundestagsgebäude miteinander verbindet. Hier kann man tatsächlich von einem »Parlament der kurzen Wege« sprechen, das ein Maximum an Sicherheit bietet.

Am *Potsdamer Platz*, dem Herzen des neuen Berlin, greifen mehrere unterirdische Systeme ineinander: Die Potsdamer Platz Arkaden und das Sony Center werden zentral über große unterirdische Ladehöfe versorgt, die vom Tiergartentunnel aus erreichbar sind. Diese Logistik macht auch insofern Sinn, als eine der drei Ebenen der Arkaden sowieso unterirdisch angelegt ist. Von dort aus hat man auch einen Zugang zur S-Bahn und zum neuen viergleisigen Regionalbahnhof der Nord-Süd-Verbindung der Deutschen Bahn. Der Bahnsteig kann von dem Verteilergeschoss aus, das westlich des Leipziger Platzes über zwei beeindruckende Zugänge erreichbar ist, von oben eingesehen werden. Wenn der Betrachter in diesem Geschoss wiederum zur Decke schaut, wird er dort einen großen Riegel erblicken, der sich quer durch die Halle zieht. Dabei handelt es sich um den Rohbau eines U-Bahnhofes mit einem mehrere hundert Meter langen Tunnel zur Philharmonie hin. Diese Konstruktion hat ca. 150 Millionen Euro gekostet und wird auf absehbare Zeit nicht ans Netz gehen. Die ursprüngliche Planung des Bauwerkes basiert auf dem »200-Kilometer-Plan«, der 1955 in West-Berlin erstmals aufgestellt wurde und als allgemeine Richtlinie für den weiteren Ausbau der U-Bahn angesehen werden kann. In großen Teilen geht er auf Pläne aus der Weimarer Republik zurück. Auch die DDR hatte ihn stillschweigend als Vorlage anerkannt. Im Rahmen des 200-Kilometer-Planes sollte eine U-Bahnlinie unter dem Potsdamer Platz Richtung Westen beziehungsweise Südwesten führen. Und da in den 90er Jahren ohnehin der gesamte Potsdamer Platz aufgegraben wurde, hielt man es für sinnvoll, diese Station und den zugehörigen Tunnel gleich in die neue Struktur des unterirdischen Potsdamer Platzes zu integrieren, um sich später nicht mühselig eine Route durch den verbauten Untergrund bahnen zu müssen.

Nun ruht diese Anlage friedlich unter dem Potsdamer Platz. Zyniker bezeichnen sie bereits als archäologisches Relikt der deutschen Wiedervereinigung oder als kulturhistorisches Zeugnis der Ekstase, die Berlin in den frühen 90ern ergriffen hatte. Immerhin kann man den Komplex für kulturelle Zwecke verwenden. Vor allem der lange Tunnel eignet sich gut für Ausstellungen oder auch musikalische Veranstaltungen – seine Krümmung erzeugt bemerkenswerte akustische Effekte! Als problematisch erweisen sich dabei jedoch die strengen Sicherheitsvorschriften der Behörden, die größere Veranstaltungen an unterirdischen Orten zu sehr kostspieligen Vergnügen machen.

Was langfristig aus dem Tunnel wird, ist noch nicht geklärt. Aber der Begriff »Fehlinvestition« ist hier mit Vorsicht zu genießen. Es wird oft darauf verwiesen, dass beim Ausbau der U8 Richtung Süden in den 90er Jahren noch aus der Vorkriegszeit stammende »Bauvorleistungen« verwendet werden konnten. Tunnel schimmeln nicht. Andere Stimmen machen allerdings darauf aufmerksam, dass diese alten Tunnel sich in einem sehr schlechten Zustand befanden und erst einmal saniert werden mussten. Ein bisschen schimmeln Tunnel dann eben doch, es sei denn, sie werden ständig überwacht und gewartet (was aber mit hohen Kosten verbunden ist). Ob der Bahnhof am Potsdamer Platz als Bauvorleistung oder als Fehlinvestition in die Verkehrsgeschichte eingehen wird – unsere Nachfahren werden es eines Tages wissen.

Neben den Einkaufspassagen am Potsdamer Platz wurden in den 90er Jahren weitere unterirdische Konsumtempel eröff-

Regionalbahnhof Potsdamer Platz

Gedenken im Untergrund

Der Untergrund eignet sich vielfach auch als Ort des Gedenkens. In Berlin gibt es zahlreiche Denkmäler, Mahnmale und Gedenkstätten unter der Erde. Die wichtigsten sollen hier kurz vorgestellt werden.

Holocaust-Mahnmal
Unter dem Stelenfeld liegt der »Ort der Information«, der den nationalsozialistischen Massenmord in einer sehr eindringlichen Weise dokumentiert.
Cora-Berliner-Straße 1, 10117 Berlin
Di–So: 10.00–20.00 Uhr (letzter Einlass 19.15 Uhr). Das Stelenfeld ist jederzeit zugänglich.
Tel. 26 39 43 36
www.stiftung-denkmal.de

Jüdisches Museum
Hier befindet sich eine eindrucksvolle unterirdische Ebene: Schräge Gangachsen symbolisieren eine Welt, die durch die Judenverfolgung »aus den Fugen« geraten ist.
Lindenstraße 9–14, 10969 Berlin
Di–So: 10.00–20.00 Uhr (letzter Einlass 19.00 Uhr), Mo 10.00–22.00 Uhr (letzter Einlass 21.00 Uhr), geschlossen am 23./24.9., 2.10., 24.12
Tel. 25 99 33 00
www.juedisches-museum-berlin.de

Bebelplatz
Am Ort der Bücherverbrennung von 1933 hat Micha Ullmann in einem leeren Raum unter der ehemaligen Brandstelle Regale aufgestellt, in denen alle damals vernichteten Bände Platz hätten. Durch eine Glasscheibe im Boden kann man diese »Bibliothek« sehen.
Bebelplatz, 10117 Berlin

Reichstag und angrenzende Bundestagsgebäude
In einer Unterführung befindet sich ein Teil des Reichstagstunnels, der das Bauwerk früher mit dem Palais des Reichstagspräsidenten verband. Man nimmt an, dass die Brandstifter, die 1933 den Reichstag anzündeten, durch diesen Tunnel in das Gebäude gelangten. Nicht weit davon entfernt befindet sich im Untergeschoss des Reichstages Christian Boltanskis »Archiv der Deutschen Abgeordneten«. Es besteht aus 5000 Metallkästen, die mit den Namen der von 1919 bis 1999 in das Parlament gewählten Politiker beschriftet sind. Im Rahmen der angebotenen Führungen können diese Objekte besichtigt werden.
Platz der Republik, 11011 Berlin
Tel. 22 73 21 52 / 22 73 59 08
www.bundestag.de

Kapelle der Versöhnung
In der Bernauer Straße kann man in der neu erbauten Kapelle der Versöhnung die »unterirdische Berliner Mauer« sehen. Die erste Versöhnungskirche wurde 1985 gesprengt, da sie den DDR-Grenzern im Weg stand. An ihrer Stelle steht jetzt das neue Gotteshaus. Am Altar sieht man durch eine Glasplatte die Reste des Kellers der alten Kirche. Dort sind auch die Steine erkennbar, mit denen die Grenztruppen einst die Kellertür vermauerten. Es finden regelmäßig Andachten und Gottesdienste statt. Bitte nehmen Sie bei Ihrem Besuch darauf Rücksicht.
Bernauer Straße 4, 10115 Berlin
Di–So 10.00–17.00 Uhr oder nach telefonischer Vereinbarung
Tel. 46 36 034
www.kapelle-versoehnung.de

net: So gelangt man in der Friedrichstraße zum Beispiel vom Untergeschoss des französischen Warenhauses Galeries Lafayette aus zu einer teilweise sehr nobel gestalteten Passage. Das stilvolle Ambiente des Quartier 206 zeichnet sich dort durch eine bemerkenswerte Architektur aus, die in verfremdeter Form an die 20er Jahre erinnert. Am Ende des Ganges ragt ein buntes, aus Blechschrott bestehendes Werk des Künstlers John Chamberlain in die Höhe. Hat sich die Kosumgesellschaft hier einen kleinen Turm zu Babel gebaut?

Die Arbeiten im Untergrund des Stadtzentrums stellten für die Bauherren eine besondere Herausforderung dar: Hier war ein umfassendes »Grundwassermanagement« erforderlich. Hätte man nämlich, wie oft üblich, das in großen Mengen vorhandene Grundwasser einfach abgepumpt, wären die Auswirkungen auf den Baumbestand des Tiergartens möglicherweise verheerend gewesen. Und nicht nur das, es hätte dann auch beim Reichstag »Land unter!« heißen können. Denn das Parlament ruht auf 5000 Baumstämmen, die beim Bau als Fundament in den sumpfigen Boden gerammt wurden. Das Grundwasser konserviert die Pfähle gut, ein Abpumpen des Wassers würde sie aber verfaulen lassen.

Deswegen waren spezielle Bauverfahren erforderlich. So verwendete man für den Tunnelbau streckenweise die »Senkkasten«-Methode. Bei diesem Verfahren werden die einzelnen Abschnitte der Röhre einfach auf den Boden gestellt. Dann beginnt man, die Erde darunter mit Wasser zu verflüssigen und abzupumpen. Die Segmente sinken langsam auf die gewünschte Tiefe herab. Was theoretisch sehr einfach klingt, ist in der Praxis eine recht komplizierte Angelegenheit: Die Bauarbeiter müssen dafür in einer Kammer direkt unter den jeweiligen Segmenten arbeiten. Damit das Grundwasser diesen unterirdischen Raum nicht überflutet, wird dort ein hoher Luftdruck aufgebaut. Nach der Schicht können die Arbeiter ihre Baustelle nicht einfach verlassen, sondern müssen sich in besonderen Kammern erst wieder an den normalen Luftdruck gewöhnen.

Eine andere grundwasserschonende Methode, die zum Einsatz kam, war der »Schildvortrieb«, bei dem der Tunnel unterirdisch durch den Boden gegraben wird. Auch diese Bauweise erfordert modernste Technik und viel Expertise. Schließlich können Unfälle unter der Erde schnell tödliche Konsequenzen haben und mit immensen Kosten für die Bauherren verbunden sein. Die gesamten Arbeiten im Bereich Tiergarten wurden von einer permanenten flächendeckenden Kontrolle des Grundwasserspiegels begleitet. Über 90 Stationen überprüften regelmäßig den Pegel. Mit Erfolg: Der Reichstag und die Bäume stehen noch!

Zuletzt sollte noch der neue »Bewag-Tunnel« erwähnt werden, eine 11,5 Kilometer lange Stromtrasse, die vom Umspannwerk Mitte zum Umspannwerk Friedrichshain und von dort aus zum Umspannwerk Marzahn führt. Diese Verbindung gehört zur »380-kV-Diagonale«, die nach dem Ende der Teilung Berlins die Stromnetze beider Hälften wieder miteinander verbinden und in das überregionale Versorgungssystem integrieren sollte. Der in den 90er Jahren gebaute Tunnel verläuft in einer Tiefe von 20 bis zu 35 Metern. Seine Röhre hat einen inneren Durchmesser von drei Metern und ist mit einer »Einschienenhängebahn« ausgestattet. Wie der Name bereits andeutet, hängt sie von einer Schiene an der Decke des Tunnels herab. Diese kleine U-Bahn übernimmt die Wartung und Kontrolle des Tunnels und kann sowohl bemannt als auch unbemannt fahren. Neben Personentransportern gibt es auch Materialtransporter und Rettungsfahrzeuge für die Züge. Die Bahn ist sogar in der Lage, Brände zu löschen.

Kann man sich bereits ein Urteil über die großen Untergrund-Projekte des neuen Berlin erlauben? Die beiden Hälften Berlins mussten ja nicht nur wieder miteinander verbunden werden, sondern es galt zugleich, die Stadt als Ganzes zu modernisieren. Außerdem mussten ausreichende Kapazitäten für das erwartete Wachstum der Metropole geschaffen werden. Berlin sollte schließlich das Bindeglied zwischen Ost und West in einem vereinten, freien und wohlhabenden Europa werden.

Die Euphorie verflog nach wenigen Jahren, die Träume erfüllten sich nicht. Das Ende der Subventionen, die nach Brandenburg abwandernden Arbeitsplätze, der große Bankenskandal und die Trägheit vieler Berliner, die sich im Status quo der Nachkriegszeit ihre bequemen Nischen geschaffen hatten, verwandelten den kurzen Einheitsrausch in einen endlosen Kater. Das gigantische Defizit und die hohe Arbeitslosigkeit sorgen dafür, dass die Stadt nicht dynamisch voranprescht, sondern langsam dahinknirscht. Angesichts dieser Umstän-

Im »Bewag-Tunnel«

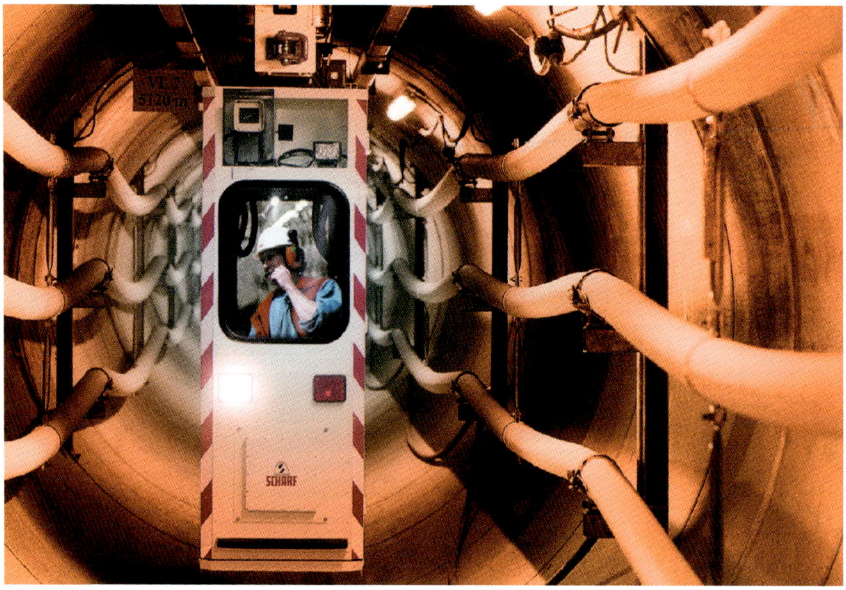

de mag die Frage berechtigt erscheinen, ob man die Bauvorhaben nicht eine Nummer kleiner hätte gestalten sollen. Aber wer konnte damals die zukünftigen Probleme Berlins voraussehen? Heutzutage spricht man gerne von dem »deutschen Größenwahn«. Aber angenommen, man hätte die Projekte kleiner dimensioniert – was wäre dann, wenn Berlin sich tatsächlich in eine boomende Metropole verwandelt hätte? Würde man jetzt, angesichts unzulänglicher Kapazitäten, von der »deutschen Piefigkeit« sprechen? Und wer weiß, wie es in zehn Jahren aussieht? So banal es auch klingt: Jegliche Verkehrs- und Stadtplanung kann sich immer nur an den Prognosen orientieren, die sich aus dem gegenwärtigen Kontext mit all seinen Unsicherheiten ergeben. Mehr ist nicht zu erwarten.

Wie wird es im Berliner Untergrund weitergehen? Aus finanziellen Gründen ist auf absehbare Zeit eher mit einer Phase der Stagnation zu rechnen. Der Ausbau der U55 wird einen großen Teil der vorhandenen Ressourcen in Anspruch nehmen. Das bedeutet, dass die alten Träume der Verkehrsplaner, wie zum Beispiel eine U-Bahn nach Weißensee, wohl noch lange auf sich warten lassen müssen. Vielleicht kommt eher noch ein Tunnel, der den Hauptbahnhof mit der Nord-Süd-Strecke der S-Bahn verbindet. Wir werden sehen.

Auswärtiges Amt
Die beiden Gebäude des Auswärtigen Amtes sind durch einen ästhetisch ansprechenden »Lichttunnel« miteinander verbunden. Der Boden dieser 50 Meter langen Unterführung ist wie ein Steg mit Holzbohlen verkleidet, während Wände und Decke von dem amerikanischen Glaskünstler James Carpenter gestaltet wurden. Hinterleuchtete Scheiben vergrößern den Tunnel optisch und verleihen ihm ein futuristisches Erscheinungsbild. Der Tunnel kann am »Tag der Offenen Tür« besichtigt werden.

Werderscher Markt, 10117 Berlin
Tel. 50 00 0
www.auswaertiges-amt.de

Exkursionen und Führungen
Empfehlenswert sind der neue Hauptbahnhof – Lehrter Bahnhof sowie die unterirdischen Areale des Potsdamer Platzes, die interessierte Leser jederzeit erkunden können. Die unterirdischen Bereiche der Bundestagsgebäude werden teilweise bei den vom Besucherdienst angebotenen Führungen besichtigt (siehe S. 84).

Quer durch die Geschichte: Eine Fahrt mit der U2

Wie wäre es mit einem kleinen Streifzug durch die Berliner Geschichte? Keine Angst, Sie müssen nicht zu Fuß gehen! Sie begeben sich einfach zur U-Bahnstation Eberswalder Straße, dort, wo die Linie 2 Richtung Süden in den Tunnel fährt. Dieser Ausgangspunkt hat den Vorteil, dass Sie zuerst im altehrwürdigen »Prater« in der Kastanienallee ein Bier trinken können. Dann gibt es bei »Konnopke« (direkt an der Station) noch eine Currywurst – und los geht es! Frisch gestärkt steigen Sie in die Bahn Richtung Ruhleben, schauen zuerst aber noch mal kurz über die Schönhauser Allee zurück. Weiter nördlich gab es dort im Oktober 1989 an der Gethsemanekirche die ersten größeren Versammlungen der Bürgerrechtler – die teilweise von der Polizei brutal angegriffen wurden. Wer erinnert sich noch an diese couragierten Menschen, die damals sehr viel riskierten? Es hätte auch eine »chinesische Lösung« in der DDR geben können.

Nun aber rein in den Tunnel, die nächste Station ist der Senefelder Platz. Wenn Sie hier den Ausgang Saarbrücker Straße nehmen, können Sie erkennen, warum dieser Stadtteil Prenzlauer *Berg* heißt – auch wenn die Steigung nicht unbedingt mit der Zugspitze vergleichbar ist. Ursprünglich nannte man dieses Areal auch den Windmühlenberg – weil hier Windmühlen standen. Bebaut wurde dieser Fleck erst seit etwa 1860. Dann ging es aber auch sehr schnell: Innerhalb kürzester Zeit wurde ein ganzes Mietskasernenviertel aus dem Boden gestampft. Irgendwo mussten die nach Berlin strömenden Industriearbeiter ja unterkommen. Außerdem können Sie hier auf einen Schlag gleich drei ehemalige Brauereien sehen: den »Pfefferberg«, die Königstadt- und die Bötzow-Brauerei (Letztere thront als mächtiges rotes Gebäude am Ende der Saarbrücker Straße). Warum Brauereien sich hier einst sehr wohl fühlten, können Sie im Kapitel »Kathedralen des Bieres« nachlesen (s. S. 23). Wie war das noch mal mit dem Obergärigen und dem Untergärigen? Ein Stückchen weiter Richtung Norden steht noch eine jener alten grünen Bedürfnisanstalten, die früher »Café Achteck« genannt wurden und mittlerweile selten geworden sind. Ja, die funktioniert noch! Haben Sie im »Prater« zu viel Bier getrunken?

Weiter geht es mit der Bahn zum Rosa-Luxemburg-Platz. Diese Station hieß ursprünglich Schönhauser Tor. 1934 wurde sie dann in Horst-Wessel-Platz umbenannt. 1945 erhielt sie ihren alten Namen zurück. 1950 machte man den Luxemburgplatz draus. Da die neuen Herrscher aber offenbar Angst hatten, dass ihre Heilige mit einem kleinen Herzogtum verwechselt werden könnte, erhielt die Station 1978 schließlich ihren heutigen Namen. Irrungen und Wirrungen deutscher Geschichte! Man könnte vielleicht hinzufügen, dass sich hier in der Kleinen Alexanderstraße Nr. 28 von 1926 bis 1933 das Hauptquartier der KPD befand. Das Gebäude wurde dann von den Nazis zerstört und nach dem Krieg in veränderter Form wieder aufgebaut. Und noch etwas: Am Bülowplatz (wie der Rosa-Luxemburg-Platz damals hieß) war im Jahre 1931 ein junger Kommunist namens Erich Mielke an der Erschießung zweier Polizisten beteiligt – wofür er 61 Jahre später vor Gericht gestellt wurde. Dieses Delikt war juristisch nämlich leichter zu ahnden als Mielkes Aktivitäten bei der Stasi. 1993 wurde er zu sechs Jahren Haft verurteilt, 1995 vorzeitig entlassen. Im Jahre 2000 starb der Mann, vor dem viele Menschen in der DDR Angst hatten.

Zurück in den Tunnel: Am Alexanderplatz, der nächsten Station, können Sie ein bisschen durch das unterirdische Labyrinth laufen und sich dort kurz verirren oder der U5 einen Besuch abstatten. Eines Tages wird diese Linie Sie von hier aus zum Brandenburger Tor, zum Reichstag, zum neuen Hauptbahnhof und vielleicht sogar zum Flughafen Tegel bringen (s. S. 80). Das wird aber noch etwas dauern.

Die ausgedehnten unterirdischen Areale am Alexanderplatz waren früher übrigens ein beliebter Treffpunkt der Unterwelt. Hier hatte zum Beispiel die berüchtigte Gladow-Bande ihr Revier. An der Oberfläche erblicken Sie die wuchtigen Bausünden der DDR. Hier entstand in den 60er, 70er Jahren die große sozialistische Utopie, das neue Deutschland. Man war damals sehr stolz auf den Fernsehturm, mit 365 Metern einer der höchsten der Welt. Dass man bei gutem Wetter von oben einen fantastischen Blick über die Stadt und in das ferne Brandenburg hinein hat, muss hier wohl nicht weiter ausgeführt werden. Aber Sie bleiben jetzt schön hier – und bewundern das Berolina- und das Alexanderhaus, zwei im Stil der Neuen Sachlichkeit errichtete Gebäude von Peter Behrens. Grüßen Sie auch Alfred Döblin, dessen Roman »Berlin Alexanderplatz« dieses Fleckchen Berlins unsterblich machte – auch wenn der arme Döblin seinen alten Alex nicht mehr wiedererkennen würde.

Haben Sie heute schon eine Kriegsruine gesehen? Die finden Sie nämlich bei der nächsten Station, Klosterstraße. Dort stehen die Reste der Klosterkirche, die im April 1945, sozusagen in letzter Minute, durch einen Bombentreffer zerstört wurde. So etwas deprimiert Sie? Na gut, dann bleiben Sie in der Station und schauen sich dort die schönen verkehrshistorischen Tafeln und den alten Stromwagen an, den Sie vielleicht schon erblickt haben. Was macht der denn hier? Und warum ist der Bahnsteig so auffällig breit? Nun, eigentlich sollten hier einmal drei Gleise befahren werden. Und Sie können auf dem Bahnsteig in der Mitte noch die Umrisse des dritten Gleises erkennen. Aber das ist eine Geschichte für sich. Die nächste Station gibt Ihnen die Gelegenheit, im Märkischen Museum kulturelle Bedürfnisse ohne grö-

U-Bahnhof Alexanderplatz

U-Bahnstation Klosterstraße

U-Bahnhof Märkisches Museum

ßere Umwege zu stillen. Bis später! Wie, Sie wollen nicht? Dann schauen Sie sich zumindest die Wände an. Das Museum hat sich nämlich bis in die Station hinein ausgebreitet. Schön, oder? Was meinen Sie, was da für eine Mühe drin steckt!

Es geht weiter. Am Spittelmarkt sehen Sie, warum die Berliner U-Bahn einst auch »Unterpflasterbahn« genannt wurde – hier scheint das Tageslicht durch die während des Krieges zugemauerten Fenster. Bei der nächsten Station sollten Sie aussteigen und den Ausgang Richtung Hausvogteiplatz nehmen. Dort erinnern Inschriften und Spiegel an der Treppe sowie ein Denkmal vor dem Eingang an die jüdische Konfektionsindustrie, die es hier einst gab. Stellen Sie sich ganz ungeniert vor die Spiegel. Berliner Schlabberlook? Haute Couture? Ja, Kleider machen Leute! Aber nicht zu lange vor dem Spiegel bleiben, sondern zurück in die Röhre.

Der Name der nächsten Station zeigt dem verwirrten Touristen an, wo wir uns gerade befinden: Stadtmitte. Und der Berlin-Kenner denkt dabei natürlich an Heinz Knoblochs berühmtes Essay »Stadtmitte umsteigen« – Pflichtlektüre für alle U-Bahnfreunde, Untergrundler und überhaupt alle Berliner. Diese Station ist auch wegen ihres »Mäusetunnels« bekannt, der zur U 6 führt und sich auch für den erfahrenen Fahrgast immer wieder als unerwartet lang erweist. Deswegen huschen die Menschen hier schnell durch, eben wie Mäuse. Nur in den Zeiten der Berliner Mauer huschte hier gar nichts mehr, da war der Tunnel verschlossen.

Dass der Marmor an der folgenden Haltestelle Mohrenstraße aus Hitlers Neuer Reichskanzlei stammt, haben Sie vielleicht schon mal gehört. Die alte Reichskanzlei reichte dem Führer eines Tages nicht mehr, und deswegen wurde innerhalb kürzester Zeit ein riesiger Neubau aus dem Boden gestampft, der sich die ganze Voßstraße entlangzog. 1939 war die Einweihungsfeier, 1945 wurde das Gebäude schwer umkämpft und später von den Sowjets abgerissen. Nur diese schönen Marmorplatten, die konnte man doch nicht einfach wegwerfen. Deswegen landeten sie in der U-Bahnstation. Und anderswo. Ob dieses »anderswo« das sowjetische Ehrenmal im Tiergarten oder das Forum der Humboldt-Universität ist, dazu gibt es verschiedene Versionen. Aber auf jeden Fall wird man in der DDR über dieses Recycling nicht groß geredet haben. Der U-Bahnhof trug übrigens zuerst den Namen Kaiserhof. 1950 hieß er dann Thälmannplatz. Ernst Thälmann war seit 1925 Vorsitzender der KPD. 1933 wurde er von den Nazis verhaftet, 1944 nach elf Jahren Einzelhaft ermordet. In den 1980ern wurde die Station dann in Otto-Grotewohl-Straße umbenannt. Herr Grotewohl war der erste Ministerpräsident der DDR. Seit 1991 heißt der Bahnhof politisch neutral Mohrenstraße. Ob das die letzte Umbenennung war?

Im »Mäusetunnel«, Stadtmitte

Nun sind Sie am Potsdamer Platz, wo das neue Berlin sich auf Sie stürzt. Für Touristen gilt jetzt: Kamera marsch! Wer kann sich noch vorstellen, dass dieses Gebiet einst eine große Brache war, nämlich ein Teil des »Todesstreifens« der Berliner Mauer, der hier besonders breit war? Da konnte man nur die ostdeutschen Grenzer und die Kaninchen sehen, die dort umherhoppelten. Unter dieser Einöde lagen übrigens noch diverse Hinterlassenschaften des Dritten Reiches: Tunnel und Bunker, die den DDR-Grenztruppen Sorgen machten. Denn theoretisch wäre es ja möglich gewesen, dass jemand da unten irgendwo eingestiegen wäre und in den Westen »rübergemacht« hätte. Deswegen hat sich die Stasi Anfang der 70er Jahre dort einmal genau umgeschaut, die Anlagen dokumentiert und dann versiegelt, was es zu versiegeln gab.

Darüber hinaus findet man hier im Boden noch andere brisante Relikte des Dritten Reiches: Granaten und Bomben. Etwa zehn Prozent dieser Projektile waren nämlich Blindgänger, und die tauchen heutzutage bei Erdbewegungen immer wieder auf. Sie explodieren zwar nur noch sehr selten, müssen aber trotzdem entsorgt werden. Der Sprengstoff ist giftig und gefährdet das Grundwasser. Für die Bauarbeiten am Potsdamer Platz musste das Areal zuerst großflächig nach diesen Altlasten des Krieges abgesucht werden.

Unser nächster Stopp ist der Mendelssohn-Bartholdy-Park – wahrscheinlich die U-Bahnstation mit dem längsten Namen. Und wer waren überhaupt die Herren Mendelssohn und Bartholdy? Felix Mendelssohn Bartholdy war ein berühmter deutscher Komponist und Dirigent, der von 1809 bis 1847 lebte. Und er war ein Enkel des bekannten Aufklärers und Philosophen Moses Mendelssohn, den viele Berliner durch die Texte des bereits erwähnten Heinz Knobloch kennen. Da Mendelssohn Bartholdy Jude war, blieb ihm in Deutschland die Anerkennung seines Werkes lange versagt. Das Vaterland kann manchmal sehr undankbar sein! An dieser Station jedenfalls begibt sich die U-Bahn wieder an die Oberfläche. Am nächsten Halt, dem Gleisdreieck, fuhren am 26. September 1908 zwei Züge ineinander. Dabei gab es 18 Tote und 21 Schwerverletzte. Danach wurde die Anlage völlig neu gestaltet. Wenn Sie Ihre Fahrt fortsetzen, können Sie die Ein- und Ausfahrten des neuen DB-Tunnels sehen. In der Ferne können Sie vielleicht auch ein Wohnhaus erkennen, dass von einer anderen U-Bahnlinie durchfahren wird – also schön die Augen aufhalten!

Das alte West-Berlin haben wir schließlich an der Station Bülowstraße erreicht – und es könnte hübscher sein! Als kleine Wiedergutmachung dürfen Sie am folgenden Nollendorfplatz eine Kuriosität bestaunen: Dort gibt es in der Station ein Denkmal für die während des Krieges getöteten Mitarbeiter der »Hochbahn« (wie dieser Streckenabschnitt einst genannt wurde). Ein anderes Denkmal außerhalb der Station erinnert an die Verfolgung von Homosexuellen während des Nationalsozialismus – diese Gegend war einst ein Zentrum des schwulen Berlins gewesen. Am Wittenbergplatz haben wir es dann fast geschafft. Schauen Sie sich den Bahnhof mal von außen an: Er wurde 1911–13 von dem berühmten U-Bahnarchitekten Alfred Grenander im neoklassizistischen Stil erbaut und riecht nach Geld. Aber natürlich, im Hintergrund lockt ja auch das KaDeWe, der große alte Konsumtempel. Während des Kalten Krieges strahlte dieses leuchtende Schaufenster des Kapitalismus weit in

Denkmal im U-Bahnhof Nollendorfplatz

die realsozialistische Dunkelheit der DDR hinein. So dachte man sich das zumindest im Westen. Unsere kleine Rundfahrt endet schließlich am Bahnhof Zoologischer Garten, dem Herzen des alten West-Berlin. Puls der Stadt, kleine Schmuddelecke, Zoo, Christiane F. und die Gedächtniskirche. Sie haben sich jetzt noch ein Bier und eine Currywurst verdient. Und Ihren Film haben Sie sicher auch vollgeknipst!

U-Bahn-Cabriofahrten
Wie wäre es mit einer nächtlichen Tour im offenen Zug durch die Tunnel der BVG? Auf der moderierten zweistündigen Rundfahrt wird eine Strecke von etwa 35 Kilometern abgefahren. Rechtzeitige Anmeldung ist erforderlich. Der Preis beträgt 40 Euro pro Person; Fahrgäste unter 18 können nur in Begleitung eines Erziehungsberechtigten teilnehmen.
Tel. 25 62 52 56 / 25 62 55 56
www.bvg.de

U-Bahn-Museum
In einem ehemaligen Hebelstellwerk der Station Olympiastadion (am westlichen Ende der U2) befindet sich das U-Bahn-Museum der BVG. Hier kann man alle möglichen Exponate bewundern, die technischen Ausstellungsstücke funktionieren teilweise noch.
Jeden zweiten Sonnabend im Monat 10.30–16.00 Uhr; für Gruppen können auch Sondertermine arrangiert werden.
Tel. 25 62 71 71
www.bvg.de

U-Bahn-Tunnelwanderungen
Die Berliner Verkehrsbetriebe (BVG) führen einmal im Monat anderthalbstündige Rundgänge durch das Tunnelsystem durch. Da der Andrang oft groß und die Teilnehmerzahl begrenzt ist, sollte man sich rechtzeitig vorher anmelden. Für Gruppen ab 30 Personen können auch Sonderführungen arrangiert werden.
Tel. 25 62 76 23
www.bvg.de

Nachtleben im Untergrund

In Berlin kann man sich auch unterirdisch bestens amüsieren. Das wussten bereits die Ganoven und auch die Jazzer, die sich einst in düsteren Kellerspelunken vergnügten. In den 90er Jahren entdeckte dann nach einer längeren Pause die Techno-Bewegung den Untergrund. Da unten konnte man seine mehrere hundert *beats per minute* nämlich schön laut aufdrehen! Heutzutage haben eher die »Gothics« und die Freunde freizügiger Erotik die Katakomben in Beschlag genommen. Hier ein paar Tipps.

Blüthenrausch
In atmosphärischen Gewölben finden gelegentlich zu später Stunde Veranstaltungen statt. Gespielt wird Gothic, Dark Wave, Indie, Punk, Trip Hop und Eighties Pop. Da kann dann mitunter ein interessantes, ungewöhnliches Publikum beobachtet werden – Schmetterlinge, Nachtfalter und ein paar Motten.
Große Hamburger Straße 17, 10115 Berlin
www.bluethenrausch.de

DarkSide Club
Für die Anhänger der Sinnlichkeit. Dabei handelt es sich allerdings nicht um einen typischen Sex- oder Swinger-Club, der Anspruch geht weit darüber hinaus: Hier werden fantasievolle Performances, Kunst, Lesungen und Musik angeboten.
Nostitzstraße 30, 10965 Berlin, Tel. 46 06 84 96
www.darkside-club.de

Gargoyle Club
Das sieht doch irgendwie nach einem SM-Schuppen aus … Aber die Betreiber haben sich Mühe gegeben, nicht den üblichen Klischees nach dem Motto »Muss der böse Junge wieder bestraft werden?« zu entsprechen, und ihr Verlies recht stilvoll gestaltet. Es gibt auch besondere Veranstaltungen und Angebote für Anfänger.
Eichendorffstraße 5, 10115 Berlin
Tel. 28 33 666 (ab 0 Uhr) / 0176 22 62 11 86
www.gargoyle-berlin.de

Kudorf
Was soll man zum Kudorf sagen? Es gibt Dinge, die man nicht beschreiben kann. Die »größte Partylocation in Berlin« (Eigenwerbung) erstreckt sich auf einem ausgedehnten unterirdischen Areal und lockt mit verschiedensten Vergnügungen.
Joachimstaler Straße 15, 10719 Berlin
Tel. 88 00 19 70
www.kudorf.com

Last Cathedral
Der Name deutet es bereits an: In diesem Keller bewegt sich die »schwarze Szene«. Dabei wird die Bar eher von jüngeren Mitgliedern der Gothic-Bewegung angesteuert. Die Einrichtung ist gemütlich und katakombig, wenn auch etwas plastikkitschig. Zwischendurch kann man den Skeletten einen Besuch abstatten.
Schönhauser Allee 5, 10119 Berlin
www.lastcathedral.de

Quasimodo
Hier ist der Beweis: Es gibt sie noch, die alten Jazzkeller! Wobei allerdings im altehrwürdigen Quasimodo auch Funk, Soul, Latin und andere Musikarten gespielt werden. Und den Blues kann man hier natürlich auch bekommen.
Kantstraße 12a, 10623 Berlin
Tel. 312 80 86
www.quasimodo.de

Tresor
Für diejenigen, die es immer noch nicht bemerkt haben: Der legendäre Techno-Tanztempel im unterirdischen Tresorraum des abgerissenen Kaufhauses Wertheim existiert seit 2005 nicht mehr.

Zyankali Bar
Schräg, ganz schräg! Eine trashige Geisterbahn-Gruselkabinett-Plastikskelett-Mischung. Es fehlt nur noch Graf Zahl. Auch die Getränke sind etwas »anders« … Der »Bitterfeld«-Cocktail ist übrigens sehr zu empfehlen. Danach kann man in Ruhe die Spinnweben von der Jacke und aus den Haaren pulen. Die Zyankali Bar eignet sich auch gut für Verwandtschaft aus der Provinz, die »mal was erleben« will.
Großbeerenstraße 64, 10963 Berlin
Tel. 251 63 33
www.zyankali.de

Sachregister

Literaturverzeichnis

Arnold, Dietmar und Ingmar: Dunkle Welten. Bunker, Tunnel, Gewölbe unter Berlin, 7. Auflage, Berlin 2004.
Umfangreicher Band über die unterirdische Architektur in Berlin.

Arnold, Ingmar: Luft-Züge. Die Geschichte der Rohrpost in Berlin und anderswo, Berlin 2000.
Technisch ausgerichtete Historie einer vergessenen Innovation.

Bärthel, Hilmar: Wasser für Berlin. Die Geschichte der Wasserversorgung, herausgegeben von den Berliner Wasser Betrieben, Berlin 1997.
Ausführliche Geschichte der Berliner Wasserversorgung.

Brachmann, Christoph: Licht und Farbe im Berliner Untergrund. U-Bahnhöfe der klassischen Moderne, Berlin 2003.
Hochwertige und erhellende Darstellung der Berliner U-Bahn-Architektur. Leider nicht ganz billig!

Domke, Petra / Hoeft, Markus: Tunnel, Gräben, Viadukte. 100 Jahre Baugeschichte der Berliner U-Bahn. Berlin 1998.
Systematische, technikorientierte Geschichte der Berliner U-Bahn.

Erler, Peter / Schultz, Ekkehard: GPU-Keller. Arrestlokale und Untersuchungsgefängnisse sowjetischer Geheimdienste in Berlin (1945–1949), Berlin 2005.
Über den Bund der Stalinistisch Verfolgten e.V. zu beziehen (Ruschestraße 103, Haus 1, 10365 Berlin, Tel. 55 49 63 34).

Gauglitz, Gerd / Orb, Holger: Berlins S- und U-Bahnnetz. Ein geschichtlicher Streckenplan, Berlin 2001.
Unentbehrlicher Überblick für alle verkehrstechnisch interessierten Berliner.

Gross, Leonard: Versteckt. Wie Juden in Berlin die Nazi-Zeit überlebten, Reinbek 1983.
Die erschütternden Berichte der »U-Boote«.

Hübner, Regina und Manfred: Der deutsche Durst. Illustrierte Kultur- und Sozialgeschichte, Berlin 1994.
Wertvolle Ergänzung zum unten aufgeführten »Hopfen und Malz«-Band!

Kellerhoff, Sven Felix: Mythos Führerbunker. Hitlers letzter Unterschlupf, Berlin 2003.
Kompakter, klarer Text, der sich nicht in der Schilderung unnötiger Details verliert.

Museumsverbund Pankow (Hrsg.): Hopfen und Malz. Geschichte und Perspektiven der Brauereistandorte im Berliner Nordosten, Berlin 2005.
Sammlung von Aufsätzen, die sich mit verschiedenen Aspekten des einstigen Brauwesens im heutigen Bezirk Pankow befassen.

Reichhardt, Hans J. / Schäche, Wolfgang: Von Berlin nach Germania. Über die Zerstörungen der Reichshauptstadt durch Albert Speers Neugestaltungsplanungen, vollständig überarbeitete Neuauflage, Berlin 2005.
Dokumentation der nationalsozialistischen »Germania«-Pläne sowie ihrer (realen und potentiellen) Auswirkungen auf Berlin.

Schilde, Kurt / Scholz, Rolf / Walleczek, Sylvia: SA-Gefängnis Papestraße. Spuren und Zeugnisse, Berlin 1996.
Umfassende Darstellung des berüchtigten Folterkellers.

Schwerk, Ekkehard: Die Meisterdiebe von Berlin. Die Gebrüder Sass und die zwanziger Jahre, Berlin 2001.
Aufstieg und Niedergang zweier Ganoven.

Seidel, Peter / Sack, Manfred / Klemp, Klaus: Unterwelten. Orte im Verborgenen, Tübingen / Berlin 1997.
Ansprechender Bildband über unterirdische Architektur in Deutschland.

Spaggiari, Albert: Die Kloaken zum Paradies. Ein Bericht über den »Coup von Nizza«, Berlin 1987.
Der erfolgreichste Tunnelgräber aller Zeiten berichtet von seinem großen Coup.

Zahn, Hans-Eberhard: Haftbedingungen und Geständnisproduktion in den Untersuchungshaftanstalten des MfS (Schriftenreihe des Berliner Landesbeauftragten für die Unterlagen des Staatssicherheitsdienstes der ehemaligen DDR, Bd. 5), 4. durchgesehene Auflage, Berlin 2005.
Der Verfasser hat die Zustände in einem DDR-Haftkeller am eigenen Leibe erlebt.

Bildnachweis

BVG: 76
Eberhard Elfert: 2, 3, 31, 35, 53, 80
Museum für Kommunikation: 44, 45
Pfarrarchiv Herz-Jesu-Kirche: 15
Verena Flora Pilz: 10, 13 (o.), 13 (u.), 30, 38 (u.), 52, 90, 95
Niko Rollmann: 6, 7 (o.), 7 (u.), 8, 14 (o.), 14 (u.), 16, 17, 18, 19, 20, 21, 23, 24 (o.), 24 (u.), 25, 26, 27 (o.), 27 (u.), 34 (o.), 34 (u.), 36, 37, 38 (o.), 38 (u.), 50, 51 (o.), 51 (u.), 55 (o.), 55 (u.), 56, 62 (o.), 62 (u.), 64, 65 (o.), 65 (u.), 66, 67, 72 (o.), 72 (u.), 73, 75, 82, 83, 88, 89 (o.), 89 (u.), 91
Story of Berlin: 77
Vattenfall Europe Berlin AG & Co. KG: 86

Danksagung

Die Autoren möchten sich ganz herzlich bei allen Personen bedanken, die sie beim Schreiben dieses Buches unterstützt und dem Verein »unter-berlin« geholfen haben. Um nur einige zu nennen:
Dr. Martin Albrecht, Joel Brulé, Peter Erler, Volker Golbig, Christian Hammer, Jörg Heimann, Bettina Henningsen, Bernhard Höhn, Matthias Kohl, Michaela Krause, Klaus Lemmnitz, Dieter Nickel, Michael Preuß, Karl-Heinz Pritzkow, Beate Richter, Horst Rothkegel, Ingo Schwuchow, Andrea Theissen, Max Tittel und Dr. Heinrich-Wilhelm Wörmann.

Dank auch an folgende Institutionen und Unternehmen: Anti-Kriegs-Museum, Berliner Wasserbetriebe, Berliner Verkehrsbetriebe (BVG), Gedenkstätte Deutscher Widerstand, IPPNW, Förderband Kulturinitative Berlin, Pfefferberg Entwicklungs GmbH, Robert-Havemann-Gesellschaft, Story of Berlin, UFO Sound Studios und Vattenfall Europe Berlin.

Wir freuen uns über Anmerkungen, Verbesserungsvorschläge und Korrekturen! Bitte an info@unter-berlin.de.